书山有路勤为径,优质资源伴你行
注册世纪波学院会员,享精品图书增值服务

清晖学者丛书

KNOW-HOW
AND
KNOW-WHY
FOR
EFFECTIVE PROJECT
MANAGEMENT

丁荣贵 著

项目管理知与行

电子工业出版社
Publishing House of Electronics Industry
北京·BEIJING

未经许可，不得以任何方式复制或抄袭本书之部分或全部内容。
版权所有，侵权必究。

图书在版编目（CIP）数据

项目管理知与行 / 丁荣贵著. —北京：电子工业出版社，2023.1
ISBN 978-7-121-44528-6

Ⅰ.①项… Ⅱ.①丁… Ⅲ.①项目管理 Ⅳ.①F27

中国版本图书馆CIP数据核字（2022）第213401号

责任编辑：刘淑丽
印　　刷：天津嘉恒印务有限公司
装　　订：天津嘉恒印务有限公司
出版发行：电子工业出版社
　　　　　北京市海淀区万寿路173信箱　邮编100036
开　　本：720×1000　1/16　印张：14.25　字数：232千字
版　　次：2023年1月第1版
印　　次：2023年1月第1次印刷
定　　价：69.00元

凡所购买电子工业出版社图书有缺损问题，请向购买书店调换。若书店售缺，请与本社发行部联系，联系及邮购电话：（010）88254888，88258888。
质量投诉请发邮件至zlts@phei.com.cn，盗版侵权举报请发邮件至dbqq@phei.com.cn。
本书咨询联系方式：（010）88254199，sjb@phei.com.cn。

推荐序

我和丁教授可以说是一见如故。丁教授博学、睿智、幽默，而且善于总结、乐于分享。我特别有感于他的项目管理"哲学观"和"辩证法"，折射出中西方文化的交融、古今智慧的叠加、理论和实践的结合，无不体现出知行合一的思想，可以说"玩转了项目管理"。项目管理是一门实践的学科和艺术，特别需要知行合一的认知理念和实践方法，因为在项目管理过程中，危机和机会同在，"黑天鹅"和"灰犀牛"并存。要想透过现象看本质、穿过迷雾抓关键、跟踪闭环拿结果，我认为拥有知行合一的项目管理思维逻辑是非常必要和关键的，深入才能浅出，认知升维带来实践降维，正如爱因斯坦所说："你无法在制造问题的同一思维层次上解决这个问题。"

幸运的是，丁教授关于项目管理的智慧能够通过本书来与读者分享，这是一件非常有意义的事！通过生动的故事讲述项目管理本质、演绎逻辑因果，着眼于"知"项目管理思维和"行"项目管理实践，对项目管理之"道"与"术"娓娓道来，这对项目管理者及支持项目管理的人都非常有益。项目思维是一种"思考如何做成一件事"的套路，即把我们所遇到的问题、事情和任务，按照"项目"的视角去思考它的前因后果及来龙去脉，用"项目管理"的方法去处理和解决。项目管理之"道"的根本是看懂项目的底层逻辑："道生一：项目从哪里来？一生二：项目到哪里去？有哪些因素可能导致去不了？二生三：项目要做什么？怎么做？谁来做？三生万物：项目价值交付和成果转化。"项目管理之"术"是做好项目的方法技巧，项目管理一方面强调因地制宜的方法，另一方面强调要善于总结方法论，在解决具体问题和处理项目冲突时，可以有多个方案进行对比、选择，以不变应万变，从而可以做事有框架，胸有成竹，手到擒来。项目管理的知与行是辩证的，知了不行，等于不知；行了不知，等于不行。正所谓，"知到深处就是行，行到极致便是知"。

当今，基于VUCA（Volatile，Uncertain，Complex，Ambiguous，乌卡）时代的"项目经济"时代，项目的成功＝确定性＋不确定性。确定性来自项目团队清晰的思维认知和做事的心态，不确定性是机会、运气和灵活应变；确定性是不确定性的前提，不确定性又是确定性的源泉。平静的海面成就不了伟大的水手，遇到的不确定性越多，就越能使人进行系统思考、总结提炼，越能构建确定性，正所谓"以确定性的规则应对不确定性"。我们看得多了，对项目管理中很多问题背后的本质也就能够想通了，从而也就得到了解决这些问题的办法。构建系统思维，就像开车，一个人在开车时要关注五个方面：自己、前、后、左、右，最终实现人车合一！

项目管理是一件令人兴奋的事情，充满了变数，管理者也会在项目管理的过程中见证奇迹。哲学家黑格尔说："悲观的头脑，乐观的意志。"做项目的时候需要构建"乐观的目标、悲观的计划、愉快的执行"这一辩证模式，即遇到事时做最坏的打算，同时做好最充足的准备，这是项目管理知与行的辩证，需要认知的迭代。"拿着旧地图，找不到新大陆"，我们怎么看世界，就拥有怎样的世界。做项目的过程更是"知识获取、知识消费、知识回收"的过程，通过项目管理的知与行，发现新知、启迪心智、知行合一、使命必达。除了胜利，我们已别无选择！

孙　虎

华为技术有限公司 CNBG 项目管理首席专家

首本序 《清晖学者丛书》

非常开心看到丁荣贵教授这本《项目管理知与行》问世，也特别感谢电子工业出版社对本套丛书的出版给予的大力支持！

自2006年我进入项目管理教育培训行业以来，遇到了多位令我敬佩的专家、教授、讲师及从业者。从他们身上，我看到了该学科领域专家所具备的丰富的实践经验、深厚的学术底蕴与饱满的研究精神，很是令我感动并深受启发。丁荣贵教授是一位让我非常钦佩的学者。早在2010年，我就有幸参加国际项目管理协会（International Project Management Association，IPMA）大奖评估师认证而受教于丁教授，其后又因与丁教授在项目管理协会（Project Management Institute，PMI）（中国）项目管理大奖评审委员会的共事而有了更深入的交流，在交流的过程中我受益匪浅。

清晖是一家致力于项目管理教育培训的专业机构。作为民营企业，需要持续地从满足客户不断变化的需求出发，用项目管理思维来促进企业自身的生存与发展。同时，传道授业解惑也是清晖作为教育机构的使命所在，我们一直希望能在生存与发展之余，为社会传递自身的知识和价值。著书立说是古今中外学者的使命所在，清晖与这些学者使命相通，文化认同，这也是清晖在教育培训领域生根发展、蓬勃向上的基础。

自2015年清晖翻译了第一本著作《敏捷项目管理》以来，陆续翻译和出版了多本国外优秀的项目管理类书籍，引进和推广了不少最新的项目管理理念。在翻译工作之余，汇聚国内专家学者的智慧，写作出版一套"清晖学者丛书"，便成了我不时萦绕心头的一个愿望。

要把愿望变成现实，天时地利人和，缺一不可，启动的契机也同样重要。2021年年初，我在山东大学因项目管理协会全球认证中心PMI-GAC认证一事与丁荣贵教授交流时，提起打算出版"清晖学者丛书"的想法，非常幸运，丁教授也正在考虑写一本书，以将他最近几年对于项目管理所进行的思考汇集成册。无论是作者影响力、书籍主题，还是写作出版时机等都与本丛书的宗旨高度契合，于是我便愉快地与丁教授确定了本丛书中第一本书籍的写作计划。

本书的出版是一个开端，开启了清晖作为平台助力业界专家学者著书立说的先河，我也衷心希望"清晖学者丛书"在未来能够汇聚更多项目管理及相关领域专家学者的智慧，与时俱进，砥砺前行，使项目管理领域的知识创造与贡献在中国得以延续和发展。

上海清晖管理咨询有限公司创始人　傅永康
2022年8月

前言

知行合一的难点在于真知，只有真知，才能坚定一个人行动的信念和信心，才能找到灵活机变、抓住项目管理要害的行动策略。本书所述的内容有点像武侠小说中的"擒拿手"，擒拿手看似可以一招制敌，但如果没有很深的内功，没有对人体经络穴位和关节结构的深刻理解，没有对对手功夫、功力的正确判断，"一招制敌"只能是一个幻想。因此，本书包含两个部分：第一部分是项目的思维，即帮助读者树立有效的项目思维方式，这是项目管理这一"擒拿手"所需的"内功"，能够帮助读者解决知行合一中真知的问题；第二部分是管理的关键，是擒拿的穴位，是针对不同的管理情况而设置的关键着力点，这部分将帮助读者解决知行合一中有效行动的问题。

我们学习管理的一个目的是让自己的生活过得更美好，让自己的企业发展得更顺利，让自己的员工工作得更顺利，让自己的思想从痛苦中解放出来，能够使自己更清晰地看清楚为什么一件事能够成功而另一件事却失败了，这样才能保持相对平和的心态而不会满腹委屈或是感到怀才不遇。学习管理的另一个目的是将自己的精力解放出来，能够让他人更轻松、愉快地工作，这样就可以把自己从低效劳动中解放出来去做更有价值的事情。在现实生活中，很多人没有达到以上两个目的，大量的管理者到处听课学习，上了总裁班，读了EMBA，参加了各种各样的进修，听了各种各样知识平台的讲座，效果怎么样呢？如果用两个字来总结大家的学习成果就是——焦虑。学习并没有让以上这些管理者更好地管理项目，或更平和地看待身边的管理问题，反而让他们更焦虑，甚至出现了有人听了很多讲座、学了很多管理知识后反而把企业经营倒闭的情况。还有一些管理者做得很成功，后来膨胀了，就自己或雇人写了很多管理方面的书籍，以展示自己的管理才华，但这些书还没开始大卖，企业就已经出了问题。为什么有些人会焦虑？为什么这些学习并没有缓解这些人的焦虑？

当人们蒙着眼睛的时候，哪怕是在自己的房间里、在自己熟悉的环境里，也会平添恐惧。当信息不畅通、看不到未来的时候，人们就会缺乏安全感；当信息不透明时，人们总会往坏处想。例如，小孩子下午5点放学，5点半应该到家，结果6点还没到家，这时没有一个家长会往好处想，几乎都会往坏处想。这种情况在当今社会中更加明显。有人把当今社会称作乌卡（VUCA）时代，即充满了不稳定性、不确定性、复杂性和模糊性的时代。在这样的时代中，人们看不清未来会发生什么，人们越是想预测未来就越预测不准。谷歌的前CEO埃里克·施密特在《重新定义企业》一书中说："我们敢百分之百打包票，如果你有商业计划，那么你的商业计划一定是错误的。只要是MBA式的商业计划，无论经过怎样的深思熟虑，一定在某些方面存在硬伤。"《重新定义企业》这本书面世以后，市场上有了一系列有关"重新定义"的图书，如《重新定义战略》《重新定义管理》《重新定义团队》《重新定义产品》《重新定义创新》等。当我们一本书还没看完时，又会有一本新书来颠覆上一本书的内容；原来的知识还没有学会，新的知识又出现了。在这种情况下，人们的焦虑感自然就会大大上升。人们应该怎样应对这个时代呢？在这些变革的浪潮中，怎么才能让人们的思想从迷茫、痛苦中解脱出来呢？

很多人无论在课堂中还是在书本中都学不到管理的"秘诀"，因此就去深山向出家人学习，去禅修。但是绝大多数人并没有通过禅修取得真正的成功。佛经中重要的经典之一——《金刚经》中有这样一个故事：有一天，佛陀化缘回来，须菩提问他："世尊，我该怎么看待这个纷繁复杂的世界呢？"佛陀说："若菩萨有我相、人相、众生相、寿者相，即非菩萨。"又说："凡所有相，皆是虚妄。若见诸相非相，即见如来。"也就是说，只有当我们能够看到事物千变万化的表相背后的本质，才能不被各式各样炫目的思想观念所迷惑，才能让自己解脱。

不同的人生活在不同的认知世界中，每个人都以不同的眼光来解读这个世界，相对于客观世界是否存在而言，如何解读世界对管理者来说更重要。"真""假"是科学家判断世界的逻辑依据，科学家要判断事物是真是假，但对于管理者来讲并非如此。在管理的世界中，我们用的是"有效""无效"，而不是用"真""假"来作为策略选择的评价依据。"帽子再旧也要戴在头上，靴子再新也只能穿在脚上。"当人们用错误的逻辑方式看待世界、看待企业、看待项目时，就永远得不到解放，永远得不到有效的答案。换句话说，没有内心的真知就很难找到有效的行动策略，也很难实施这些策略。本书将从分析管理者的逻辑世界开始，逐渐展开，讲述处在该逻辑世界中的人们应该怎么分析项目管理的问题，以及怎么抓到项目管理的关键，怎么以最有效、最简单的方法解决项目管理问题等内容，这就是本书被命名为《项目管理知与行》的原因。

2020年，突如其来的新冠肺炎疫情打乱了人们的工作计划。居家隔离期间，筑龙网邀请我在网上开设一门项目管理的课程。我想，项目管理的课程已经很多了，再开设一门课程大家也未必有兴趣听，还不如与听众交流一下个人有关项目管理的心得，于是就做了一个每次十分钟左右的聊天性质的系列讲座，起名为"项目思维与管理关键"，观众/听众每参与一节讲座就相当于练习了一遍项目管理"擒拿手"。本书就是在这个系列讲座的基础上整理而成的，各章节篇幅一般不超过2500字，总体上按照项目生命周期展开，但彼此之间并无绝对的依存关系，每章节都会围绕一个主要的观点展开，读者可以随意切换。为了各章节的相对完整性，少许内容甚至有些重复。在表达风格上，本书保留口语的痕迹，尽量做到通俗化，没有用到太多专门的项目管理术语，希望能够与有丰富实践经验、碰到过、解决过项目管理问题的管理者产生共鸣。对于书中的观点，仁者见仁，智者见智，它们都是来自理论与实践的互动，没有废话、没有纯粹道德说教和励志的成功学"鸡汤"。本书尽管会对在校生具有一定的参考价值，但主要是写给在职场中摸爬滚打、有一定项目管理经验的人看的。

感谢在线上线下和我交流过的各行各业的项目管理同人，特别是《项目管理评论》每期主编访谈栏目的嘉宾，你们的智慧给了我很多启发，也让我避免了自说自话和纸上谈兵。

感谢筑龙网的团队和观众/听众给了我出版本书的信心，也感谢上海清晖管理咨询有限公司的傅永康先生及其团队对本书的出版所给予的帮助。

感谢我的妻子和儿子，新冠肺炎疫情期间我们相互关心、相互鼓励，这本书也是我们全家共同"抗疫"的一个副产品。

丁荣贵

2022年8月于山东大学

目录

第1篇　理解矛盾和管理的价值　　001

1. 矛盾体现管理的价值　　002
2. 处于弱势但不能示弱的管理者　　006
3. 管理者的太极逻辑　　009
4. "识时务"不是贬义词　　013
5. 盈利产生于势能　　016
6. 管理寄生于盈利模式　　020
7. 人才与矛盾共存　　023
8. 项目就是共同创业　　027
9. 企业是经营项目的社区　　030
10. 变还是不变的困境　　034

第2篇　构建思维和管理原则　　039

11. 项目管理的做人原则　　040
12. 项目管理的做事原则　　044
13. 以统一步骤应对不同项目　　048
14. 项目商机来自阳谋　　052
15. 由项目商机变成合同　　055
16. 客户为什么离我们而去　　058
17. 可行性研究不能先射箭后画靶子　　060

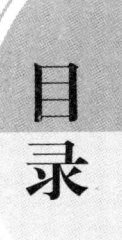

| 18 | 发现项目时机的症候 | 064 |
| 19 | 迎接项目的诞生 | 068 |

第3篇　洞悉本质和要素关系　　073

20	项目管理的价值定位	074
21	人性不可悖	077
22	项目经理是创业者	080
23	项目与部门之间的协同	083
24	避免项目咨询的陷阱	087
25	收入与项目角色责任的映射关系	090
26	支撑项目的管理平台	094
27	项目经理需要选对项目发起人	098
28	项目管理团队的组建	101
29	控制项目的内在属性	104
30	建立项目组织体系的逻辑机理	107
31	项目里程碑的地位	111

第4篇　规避风险和管理关键　　115

32	以工业化的效率满足个性化的需求	116
33	处理好项目一、二把手之间的关系	121
34	WBS是企业的重要资产	125

目录

35 避免"扯皮"现象的动态责任关系　　129

36 防止成本控制上瘾　　133

37 置换而不是妥协　　136

38 沟通要有点"形式主义"　　141

39 开会是管理者的基本功　　145

40 将项目变更变成企业成长的环节　　148

41 减少项目风险的"遗传病"　　152

42 估算精确度依赖于企业的螺旋式学习过程　　156

43 凸显风险管理的价值　　159

44 程序体现成熟度　　162

45 价格谈判的策略　　165

46 矛盾导向而不是问题导向　　168

47 项目团队组建的要素　　171

48 项目团队成员的选择　　174

49 利益相关方不配合工作的原因　　177

50 提高项目团队的执行力　　180

51 快速识人　　183

52 与不同的人打交道　　187

53 明确绩效评价的假设和目的　　190

54 面向改进的绩效管理　　193

55 把握奖罚的辩证关系	198
56 体现项目文档的价值	201
57 坚持到底	204
58 项目中止的管理	207
59 项目组的解散	211

第1篇

理解矛盾和管理的价值

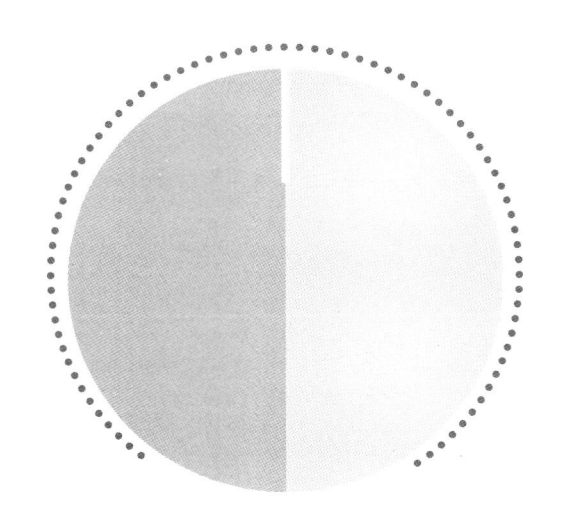

1 矛盾体现管理的价值

在这次新冠肺炎疫情阻击战中,中国人民付出了非常大的代价。漫画家周中华画了一幅漫画,叫作《来之不易的胜利》。这幅漫画用摆成V字形的两根手指表示抗击疫情取得了胜利,但这次胜利是以断了三根手指的代价换来的。这幅画反映了管理者面临的现实。古代兵法上有句话叫"慈不掌兵",意思是心肠太软的人是不能够带兵打仗的,因为有战争就会有牺牲,看不得牺牲的人不能承受带兵的责任和压力。

每个人的生命都值得被尊重,但战争是残酷的,是要有牺牲的。春秋时期魏国有一个将军叫吴起,据说他一生中打了76次大仗,其中胜了64次平了12次,基本没败过,号称"战神"。在战争期间,一位母亲去看望在吴起手下当兵的孩子,听闻作为三军司令的吴起亲自给受伤的孩子包扎伤口,伤口化脓不好处理,吴起就用嘴把脓血给吸出来。这位母亲听了以后流着眼泪说:"我的孩子要没命了,他爹就是这么死的。"因为将军这么对待自己的孩子,孩子在下一次战争中一定会舍命报答。那么,将军该怎么对待士兵呢?他们若不爱惜士兵,士兵就有可能因为训练不够,在战场上白白牺牲,或者做逃兵被处决;若爱惜士兵,在战场上士兵就会奋勇争先,同样也增加了士兵牺牲的可能性。管理者就是永远处于这样的矛盾中。幻想着没有矛盾或者能够回避矛盾的人是不能成为管理者的。

在企业或项目中往往存在着矛盾。有一句形容当今社会特征的话叫"唯一不变的就是变化",在变化的时代中,企业应该怎么做呢?变还是不变呢?这就是一个矛盾,不变是在慢慢等死,而变了则有可能是抢死,很多企业就是在转型中猝死的。这个矛盾怎么解决，是企业管理者需要考虑的问题。

在用人方面同样存在着矛盾。曹操说过："有行之士，未必能进取；进取之士，未必能有行也。"意思是，有能力、能办成事的人，不见得品德好，而品德好的人又不见得能办成事。管理者该如何用人？"金无足赤，人无完人。"大多数人都是普通人，有所长也有所短，那么该怎么用人？这里面充满了矛盾。

现在，人们越来越希望体现自我，满足个性化的需求，但是对企业来讲，满足个性化的需求意味着提高了企业的成本。如果每个客户的需求都是定制化的，不仅成本高，其效率也会比较低。企业需要拥有工业化的效率，而客户则要求企业满足自己个性化的需求。如何以工业化的效率去满足个性化的需求呢？这也是一个矛盾。

有个常见的说法叫"一抓就死，一放就乱"。这个矛盾该如何处理？有的人回答："具体问题具体分析。""具体问题具体分析"是一条普遍规律，但在解决具体问题时可能是正确的"废话"，因为它不是解决具体矛盾的策略。

风险管理中也存在着矛盾。如果风险管理做好了，风险就不会发生，也就无法证明管理业绩，若能够证明业绩则通常表明风险管理没做好。这就像扁鹊三兄弟：扁鹊的大哥在病人的病还没有显现症状时就看出了趋势，于是提前把病人的身体调理好，很多人反而认为他不会看病；扁鹊的二哥在病人的病刚刚发作时就把病人的病治好了，而人们认为他只会看小病；到了扁鹊，病人的病已经很严重了，扁鹊就需要大动手术，人们反而认为他的水平最高。管理也是一样，如果提前发现了问题，早早地预防并管住了，那怎么证明管理者的业绩呢？所以说风险管理中存在着矛盾。

管理的主要对象是人，人性究竟是善还是恶呢？孟子说："人之初，性本善。"如果人性本善就可以以德治国，那么提倡以德治国的鲁国为什么衰败得很厉害？荀子说："人之初，性本恶。"如果人性本恶就需要依法治国，那么依法治国的秦国为什么也有很多麻烦？究竟如何看待人性呢？人是性善还是性恶？其实人性中是充满善恶矛盾的。

管理者面临的若干典型矛盾如图1所示。

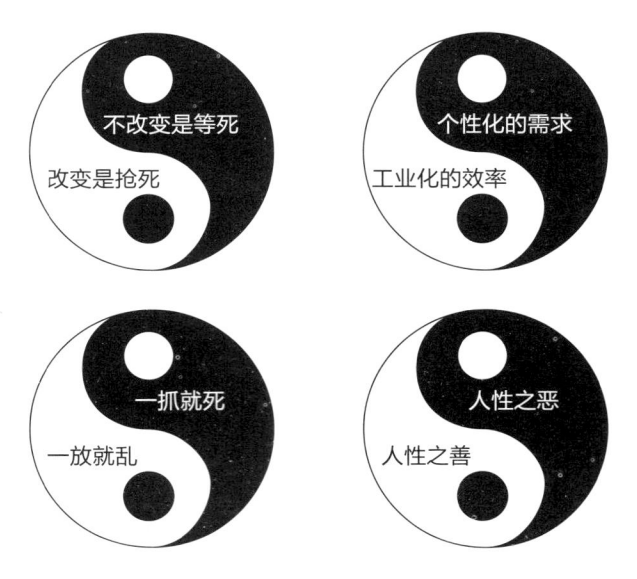

图1　管理者面临的若干典型矛盾

管理者无时无刻不生存在矛盾之中。毛泽东在写《矛盾论》的时候谈到"矛盾是事物发展的动力",换句话说,没有矛盾,社会就不会进步;没有矛盾,本书后文所谈的项目也就没有了存在的价值。客户如果没有矛盾就不会产生需求,为客户服务的企业自然也就难以生存。管理者真正的价值在哪里?其价值就在于发现矛盾、解决矛盾甚至制造矛盾之中(见图2)。

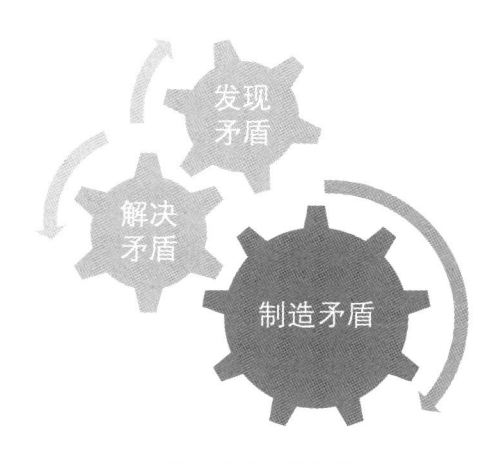

图2　管理者的价值

1 矛盾体现管理的价值

发现矛盾、解决矛盾是很容易理解的，那为什么还要制造矛盾呢？这是为了调整矛盾的节奏，把矛盾引向对企业有利的方向。目前，大家应该都接种了新冠疫苗。疫苗是什么？疫苗本身就是某种病毒。当人体健康的时候，接种一点病毒，整个人体会调动自己的免疫力来抵抗病毒从而产生抗体。如果在身体健康时没有接种疫苗，等到生病后再遏制病毒就很困难了。因此，接种疫苗本身就是在制造矛盾，让矛盾发生在人体免疫力能够控制的范围之内。

管理者的价值在于发现矛盾、解决矛盾、制造矛盾，但是，怎么发现矛盾呢？有没有足够的资源和能力解决矛盾呢？当没有足够的资源或能力解决矛盾的时候，管理者应该怎么办？这些都是后文要讨论并回答的问题。

2 处于弱势但不能示弱的管理者

谈到管理者，人们会本能地认为他们是处于强势的一方，因为管理者有权有势、能够指挥部下，简单地说，管理者就是当官的。这句话听起来没有错，但是一个企业、一个部门、一个项目之所以存在，是因为它对外界有价值。如果对外界没有价值，企业就无法存活、部门就没必要设立、项目也没必要发起。

人们常说，企业内部有利润中心和成本中心。实际上，企业的每分钱都是来自企业之外，都是来自别人的口袋。因此，企业内部没有利润中心，利润中心都在企业外部，企业内部只有成本中心。相较于建立在企业与内部员工之间价值关系之上的管理机制，建立于企业与外部相关方之间价值关系之上的盈利模式给企业带来的利润空间要大得多。要建立企业和外部相关方的价值关系，不能依靠管理工具，只能靠彼此之间价值的贡献。一个企业再成功，当碰到客户时，也不能靠权力去约束他；一个企业再强大，当碰到供应商时，也要根据合同而不是根据权力履行职责。

企业是一个开放的系统，而且其开放性正变得越来越强。企业与外界存在相互依赖的关联性，关联性越强，管理者的权力范围就越小。换句话说，只要在管理者权力范围内能够办的事，对外界都没有太大的贡献，所以这是一个缺乏权力的时代，管理者没有足够的权力。没有权力，是否意味着没有足够的权威呢？现在处于乌卡时代，也就是充满不稳定性、不确定性、复杂性、模糊性等特点的时代。新的知识层出不穷，上司或者管理者未必比客户、员工懂得多。过去，

2　处于弱势但不能示弱的管理者

教师有两本书，一本是教材，一本是教师参考书。教师给学生发教材、讲教材里的东西，考试时考教师参考书里的东西，教师的知识量比学生的知识量要大。但现在不是这样，因为有了互联网，教师知道的未必比学生知道得多。教师在课堂上讲一句话，学生可以上网查，验证教师讲的是对还是错。教师的权威性在学生面前正在减弱。管理者也是如此，在创新工作中总有一部分是部下懂而管理者不懂的，否则企业也就没有了发展和创新的潜力，所以这是一个缺乏权威的时代。

管理者权力的缺失、权威的缺乏，在项目管理领域体现得更为明显。项目经理是一个临时性的职务，谁会把一个临时管理者当回事呢？所以这里提醒管理者，要保持弱势的心态。那些权力非常强大、金钱非常多的人可以不用学习管理：因为他们可以做到你听我的，我就给你好处，不听我的，我就"消灭"你。在这种情况下还学什么管理呢？但在企业或项目中，绝大部分管理者做不到这一点。进一步说，管理者即便有足够的权力、足够的资源、足够的权威，也需要低调。

在《资治通鉴》里有这样一则故事：魏文侯有一个谋臣叫田子方，他是孔子的弟子子贡的学生，孔子的徒孙。有一天，田子方在路上碰到了魏文侯的儿子——名击，也就是后来的魏武侯。两个人在路上碰到以后，公子击就下车向田子方行礼，很讲礼貌。但是田子方不还礼。公子击就恼火了，责问田子方说："你说是富贵的人有资格骄傲还是贫贱的人能够瞧不起人呢？"田子方回答："那一定是贫贱的人有瞧不起人的资格，富贵的人怎么敢瞧不起人呢？国君如果瞧不起人，国家就可能覆灭。大夫如果傲慢，他的家产、整个家族势力就有可能丢掉。只有穷的、贫贱的人才能一言不合就拍屁股走人，因为他没什么可失去的。"公子击听了以后觉得田子方讲得很有道理，于是向田子方道歉。

一个企业即使做得再大，当员工把老板当成神一样对待的时候，往往就是企业走向衰落的时候。为什么在经营企业时要战战兢兢、如履薄冰？为什么管理者要有弱势的心态？因为只有有了弱势的心态，管理者才会去真正学习管理。管理本身不是靠胡萝卜加大棒就可以的，不是仅靠奖和罚就可以的，它需要太多的专业技巧和专业知识。很可悲的是，社会上很多人不认为管理是一门专业的知识，不认为管理是需要学习才能够有效掌握的。当某个人在某个专业技术领域做得不错的时候就会被提拔到管理岗位，就会去某一地区担任一个职务，就有了权力。而认为一夜之间就能够由专业技术人员成为管理者，是一个很大的误区。技术人员要批判、要执着、要挑战权威，管理者则要顾全大局、要平衡、要灵活机变，两者的做事逻辑是不一样的。

企业中最常见的风险有两种：对外，管理者和客户比聪明；对内，管理者和员工比聪明。管理者需要持有弱势的心态，需要减少一点自认为聪明的心态，才有学好管理和做好管理工作的可能。那么管理者怎样才能做好管理呢？管理者需要掌握什么样的思维方式和管理技能呢？本书后文会慢慢加以讨论。

3 管理者的太极逻辑

唐朝的赵蕤写了一本《长短经》，该书又被称为《反经》，为历代有政绩的帝王将相所共悉，据说是他们私下阅读的书籍，被尊奉为"小《资治通鉴》"。这本书的第一句话是这么说的："匠成舆者，忧人不贵；作箭者，恐人不伤。彼岂有爱憎哉？实技业驱之然耳。"意思就是造车的工匠总是希望别人很有钱，这样好买他们的车；造箭的工匠总希望别人在打仗，这样好买他们的箭。难道这些工匠有品德方面的差异吗？不是，是他们的职业不同因而想法不同而已。"帽子再旧也要戴在头上，靴子再新也只能穿在脚上"，颠倒了就不合时宜，就很怪异。饿了要吃饭，冷了要穿衣，而不能说"我很饿，再给我加一件衣服吧"，这样解决不了问题。

不同的人生活在不同的认知世界中，也在用不同的逻辑解释世界。换句话说，不同的学术、学问，它们解决的问题和服务的对象、目的是不一样的。很多人都推崇儒家思想，但是，赵蕤在《长短经》中对儒家有一句评价，即"能传圣人之业而不能干事施政，是谓儒学"。儒家的理念若用在管理上不见得有好的效果，用来打仗也很可能不好用。当年，宋襄公和楚国打仗的时候提倡"仁义"，结果全军覆没。《春秋公羊传》如此评价宋襄公在泓水之战中的表现："临大事而不忘大礼。"《吴越春秋》借伯嚭之言称宋襄之德："宋襄济河而战，春秋以多其义；功立而名称，军败而德存。"《孙子兵法》中明确提出"兵者诡道也"，战争是不讲诚信和仁义的。儒家可以修身，可以在宏观上帮助统治者维系社会的秩序，但我们不能用儒家的思想去打仗，甚至不能用儒家的思想来经商。

社会上有一种很普遍的观点，即管理不是一个专门的学科，管理能力是不需要通过学习就能掌握的。一个人在某一个专业领域做得不错，就会被任命一个管理职务，有了职务、权力后，他似乎就成了一个管理者，这是一件非常遗憾的事情。前文我们已经谈过管理者需要预设自己是弱势的，因为管理者要注重对外界的贡献，要去整合自己不知道的领域的人才，这样才能产生价值，所以管理的特点是"权不够大，也要管用"。若一个人有足以决定别人生死和操控别人意识的权力，他就不需要学管理了；只有权力不够大，管理者意识到自己是弱势的，才需要学习管理，也才能学好管理。

管理者需要根据目的来寻找方案。如果说技术人员的逻辑是"结论就是目的"，那么管理者的逻辑就应该是"结论是为了目的"。一个善于批判，喜欢批判现实、挑战权威、标新立异的人在科技领域是适合的，甚至是优秀的，但这样的人在政治领域和管理领域常常会碰得"头破血流"。因此，一个杰出的科学家被任命为行政官员会面临巨大的挑战。同样，一个在平时能够胜任工作的医务人员或行政官员，在抗疫期间未必表现得出色，因为在这两个时期的背景下，为处理好平衡关系所要面临的要素是完全不一样的。

管理的认知方法或逻辑方法包含了三个要素。

第一个是怎么去抓住主要矛盾。管理是一种有残缺的美，因为管理者总是面临资源不足、利益立场不一样等矛盾，在工作时不可能做到面面俱到、一劳永逸和十全十美，他们只能动态地解决主要矛盾，一个矛盾解决后又会产生新的矛盾。所以在管理者的逻辑方法中首先要有一个抓住主要矛盾的方法。

第二个是要在恰当的时机来解决这个矛盾。管理者在错误的时间即使做了正确的事情也是错误的，这样的管理效果也会很差。把握时机能够帮助弱势的管理者解决问题。《三十六计》中有一计叫"树上开花"，里面的解说词是"借局布势，力小势大"，这对弱势的管理者来说是非常值得借鉴的。如果管理者过于高瞻远瞩，发现和解决矛盾的时间太过超前，矛盾还没有引起别人的重视，势差还没有形成，解决起来就很困难，因为人们会觉得解决这个矛盾不重要。如果管理者发现矛盾的时间太晚也会出现问题，因为损失已经产生，解决起来不但费劲而且达不到很好的效果。现在，社会上有种提法叫"问题导向"，如果我们在工作中坚持"问题导向"，出现问题后，再解决，就晚了。我们应该以"矛盾"为导向。矛盾引导好了，问题就不会发生，问题是矛盾没有处理好而造成的不良结果。

第三个是解决矛盾的策略。管理者不能完全用"胡萝卜加大棒"的管理方法，因为管理者没有足够的权力去命令客户、供应商，管理者甚至没有足够的权威去引导自己的部下。将"胡萝卜加大棒"作为主要手段的管理者不是真正的管理者。

矛盾、时机和策略这三者构成了管理者逻辑方法的主要部分，我们称它为"太极逻辑"。明朝的王宗岳写了一篇短文叫《太极拳论》，据说"太极拳"一词就出自这篇短文。他说："太极者，无极而生。动静之机，阴阳之母。"太极是"动静之机"，也就是采取行动的最佳时机。无极是一个和谐的状态，当无极分化成阴阳两极进入两仪阶段时，表明矛盾已经激化，也就很难去解决了。在和谐状态下，人们不会重视矛盾，也不会去解决矛盾，过于高瞻远瞩的人往往曲高和寡。人们常说要采取"问题导向"，其实把问题作为管理的依据已经晚了，管理应该走在问题的前面。问题是从矛盾演化而来的，这个演变过程会有一个最省力、最恰当的解决时机，这就是太极阶段，也是以弱胜强、因势利导的最佳阶段。

太极逻辑有三个要素（见图3）：第一个是阴阳，它要求管理者利用动态系统所面临的对立统一关系来抓住主要矛盾；第二个是太极，它解决的是找准解决矛盾的最佳时机的问题；第三个是中庸，即找到解决矛盾的策略。中庸策略的核心是置换，是在不同的时空范围内、不同维度上的交换，这是弱者解决矛盾的方法。阴阳、太极和中庸构成了太极逻辑的三个支柱，可作为弱势的管理者的逻辑方法。本书后续会逐步讲解这种逻辑方法的本质，以及如何活用以解决项目管理中的各种矛盾。

图3 太极逻辑的构成要素

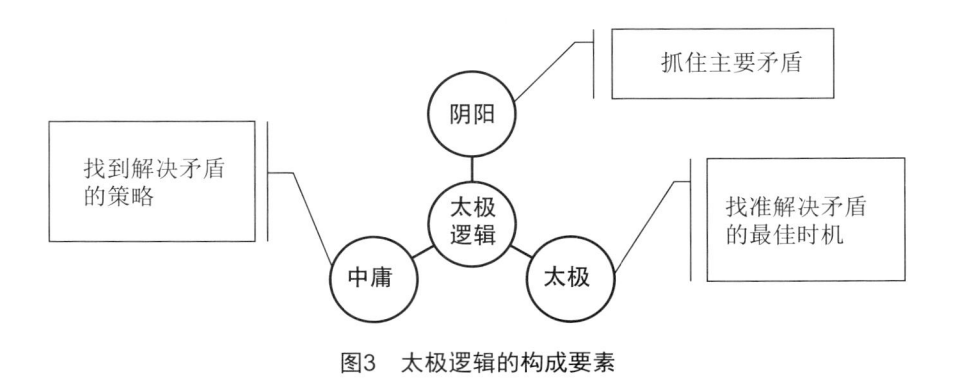

4 "识时务"不是贬义词

中国有句话叫"识时务者为俊杰，通机变者为英豪"，有人认为这句话是指人很善于投机取巧、善于见风使舵，认为这句话含有贬义。但从实际运用的角度来看，时间是上天给人类的一个最公平的资源。无论是贫穷的人还是富有的人，每个人每天都有24个小时，既不会多也不会少，若不用，上天也不会帮忙攒着。因此，一个人今天的生活是什么样的大多是由他以前的时间投入在哪里而决定的，将来他会过什么样的生活也取决于他将从现在开始的时间放到哪里去。

麦肯锡做过一个调查，晚六个月上市的商品，即使预算在控制范围内，赚取的利润也要比预计的少33%；而按期上市的商品，即使预算超过了50%，赚取的利润也只比预计的少4%。这是十几年前的调查，现在随着信息流通性的加强，时间成了人们竞争取胜的一个关键因素。人们愿意为时间而付钱，时间成了一种资产。能不能把这个资产用好决定了企业发展的有效性。钟文庆写过一本书叫《我的财智影院》，里面有一句很有意思的话："所有的财务概念都可以归结为两个东西，一个叫资产，一个叫时间价值。"怎么把时间价值利用好是管理者，特别是弱势的管理者（不能支配太多金钱，没有太多权力的管理者）需要重点考虑的事情。

时间从长期来看代表了一种趋势。在管理过程中要意识到趋势的力量。《三国演义》讲的不是刘备、关羽、张飞的兄弟情，也不是吕布的勇猛，更不是曹操的狡诈和诸葛亮的智慧，而是用很多案例只为印证该书的第一句话："凡天下大事，分久必合，合久必分。"也就是说，一个人再厉害，也厉害不过趋势的力量。鲁迅曾经用一句话来评价《三国演义》中的诸葛亮，即"状诸葛之多智而近妖"，但是，智商高又极其勤奋的诸葛亮所在的蜀国恰恰是三国中最早灭亡的。诸葛亮死了以后，成都的武侯祠有一副对联："能攻心则反侧自消，自古知兵非好战；不审势即宽严皆误，后来治蜀要深思。"说的就是管理者如果不了解社会发展的大趋势，不论是管得宽了还是管得严了都会误事。因此，在管理过程中，要了解趋势的力量，特别是对弱势的管理者来讲，要顺势、借势，当然如果有能力也可以造势。

管理者在决策过程中和在实施管理过程中要抓好时机。时机就是一个趋势的拐点。在管理过程中，最糟糕的事情是在错误的时间做了一件正确的事情。管理中讲究有效性而不是像自然科学那样讲究正确性，管理中的"正确性"是综合权衡天时、地利、人和，以及短期效果和长期效果以后的结论，而不是简单地基于道德、伦理、科学准则而做出的判断。

现在是大数据时代，新生事物不断涌现，加上彼此之间的关联关系、因果关系不明晰，这些事物之间彼此碰撞交融，预测就会变得越来越不准，而且越是重要的预测就越不准。这就是埃里克·施密特之所以说"只要你有计划，你的计划一定是错误的。只要是MBA式的计划，这个计划里一定有硬伤"的原因。计划是对未来的预测，而人们对未来的预测是不准的，世界不会听人们的安排，不会按照人们想象的那样去演变。既然预测不准，那该怎么办？人们能做的就是提高对现实的响应速度。速度快了，相对静止也就产生了。当我们对外界变化的响应速度足够快了，也就没有预测的问题了。

《孙子兵法》里面有一句话，即"善战者，其势险，其节短"。什么叫势？对企业来说就是盈利模式，盈利模式需要有一个利润空间上的势差，当势差形成时，利润自然就会流过来，这叫作"其势险"。例如，制造业的利润空间一般不如金融行业的利润空间大，金融行业的利润空间不如政策红利的利润空间大，等等。"其节短"就是行动要迅速。慢慢计划，快速行动，这是以前的策略；将来，慢慢计划是前提，快速行动是关键，所以时机非常重要。现在一些企业所提出的"开局就是决战""起跑就是冲刺"实际上就是"一旦决策就需要快速产生成果"的意思。

众所周知，养老产业是一个非常有前景的产业。中国人口老龄化问题日趋严峻，2021年的人口普查结果显示，仅在山东省，60岁及以上的人口占总人口的比例就高达20.9%，全国范围内该比例为18.7%，有12个省份65岁及以上的人口比例超过14%，可见老龄化程度很严重，养老产业必然是一个非常庞大的市场。这个趋势没错，政府需要及早对此趋势进行预判并采取措施。但对企业来说，现在是不是到了发展养老产业的最佳时期呢？可能很难这样说，就像很多人认为IBM大力发展的Watson系统并不成功一样。对企业来说，投资养老产业的最佳时机在各个地区并不一样，在有些地区可能正是最佳时机，但在另外一些地区现在投资可能太早了。此外，企业投资养老产业需要特别注意天道和商道之分：养老问题将是社会问题，养老产业的基本面是由政府为主导的公益性行业，属于天道的范畴。从事这个行业的企业需要有公益之心，没有公益之心的企业不能活得长久。但是，天道中仍有商道，养老行业中也有大量的需求属于经济领域，可以由企业根据市场规律开展经营活动予以满足，这些经营活动属于商道的范畴。不能理解这种天道中存在的商道的企业则很难在养老行业中短期生存。换句话说，从事养老产业的企业既需要有公益之心，又需要有商业之能。前者是主，后者是客，但两者缺一不可。

管理具备一种残缺之美，管理者在不同时期需要解决不同的矛盾。管理者不能像科学家一样提出一些长久不变的正确结论，管理不可能一劳永逸地把矛盾都解决掉，而是要根据趋势的发展发现主要矛盾并给予解决，以便在这个动态的过程中维持一个组织的发展，这就是管理的残缺之美。

5 盈利产生于势能

大家都知道在日常生活中有一句常听到的话叫"管理出效益"。这句话未必是企业盈利的真相，管理不一定会出效益。俗话说"吃得苦中苦，方为人上人"，事实上吃得苦中苦不一定就能成为人上人。这些话大多是站在某些特定的立场说的，明确了其立场就明确了其目的和适用范围。

企业的发展有两个阴阳对立统一的关系：一个叫盈利模式，另一个叫管理机制。盈利模式解决的是企业和外界的关联关系，而管理机制重点解决的是企业和内部的关联关系。企业赚的每一分钱都来自别人的口袋，利润主要来自企业和外部价值交换的剩余，来自盈利模式。如果企业不赚钱，那么主要矛盾很可能在于企业与外界的价值关系；如果企业效率或风险方面有问题，那么主要矛盾很可能在于企业与员工的价值关系（见图4）。

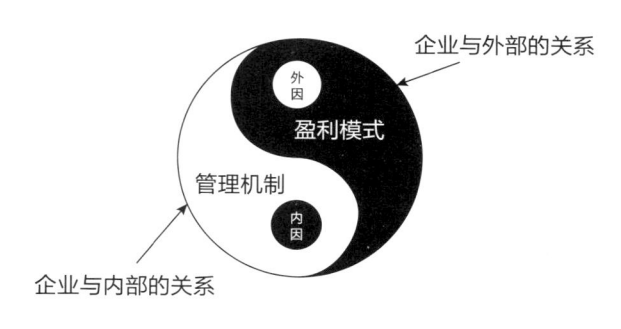

图4 盈利模式和管理机制的辩证关系

有一篇小学课文叫《小猫钓鱼》，猫妈妈带着小猫去河边钓鱼，小猫不专心，一会儿去捉蝴蝶，一会儿去摘花。猫妈妈对它说："你要专心钓鱼，要认

5　盈利产生于势能

真。"小猫听了这话之后就专心钓鱼，最后钓到了鱼。这个故事用于教育小孩子固然没有问题，但前提是要确保这里有鱼。如果河里没有鱼，那还不如去抓蝴蝶玩得开心。弄清楚河里有没有鱼是猫妈妈的责任。企业能不能赚钱主要在于盈利模式是否有效，而确定盈利模式是否有效是企业高管的责任。

很多企业在不赚钱的时候，管理者推卸自己的责任，把不赚钱的责任推到员工身上，说这是因为员工不努力、执行力不强导致的结果。本来是企业与外界的价值关联出了问题，结果却变成了企业和员工的工作关联出了问题。管理者试图以"996是员工的福报"来迷惑年轻一代，殊不知将企业能否盈利的责任转嫁给员工已经不可能了。

有一段木头被锯成三节，一节用来做了庙里的佛像，一节用来做了庙里的门槛。有一天，门槛对佛像说："我们都是从一段木头上截取下来的，为什么你天天被人拜而我天天被人踩？"佛像说："那是因为我之前吃过苦，我被人'千雕万刻'，所以现在被人拜。你呢？当初没吃什么苦，所以现在被人踩，这叫'吃得苦中苦，方为人上人'。"门槛又说："那我们家老三呢？它被人拿回家去做砧板，一天到晚被刀剁也没见有人拜过它。"同理，我们从工作中能否取得满意的效益，不仅与吃苦或不吃苦的工作过程有关，更与我们所创造的价值有关。

盈利在于价值的选择，在于企业与外界的关联性，在很多情况下是盈利模式而不是管理机制决定了企业的效益空间。管子说："大者时也，小者计也""智者善谋，不如当时"。意思是干大事要顺应天时，要顺应时代的趋势；做小事可以靠人的努力，靠人的谋划。即使聪明人善于谋略也不如普通人抓住了趋势的力量大。

从盈利模式来看，企业最大的利润空间来自哪里？吕不韦询问父亲："农产品有多大利润呢？"他的父亲回答："可能有十倍的利润。"吕不韦说："那我不做这个，利润太小。"于是，他做了有百倍利润的军火生意，赚了很多钱。后来他又问父亲："假如我去扶持一个国王会怎么样？"父亲说："前途不可限量。"企业最大的利润空间实际上是政治利润。中美贸易争端、中东的油价问题等，这些都会带来庞大的利润空间。电影《教父》中的经典台词之一："金融就是枪，政治就是知道何时扣动扳机。"说的就是这个道理。

在政治空间之下是政策利润。国家有很多政策，这些政策可能会给企业带来很大的盈利空间。所以无论企业规模是大还是小都应重视政策红利。当然，也有一些企业钻政策的空子，利用政策引导套利，这种方式就不可取了。

通过满足客户需求在市场上挣钱是商业利润。而最糟的或者说利润空间最小的是管理利润。一个企业只要强调向管理要利润，该企业可能就离"死期"不远了。什么叫管理利润？管理利润是从企业与员工之间的关联关系上挣钱。商业利润是考虑企业和客户之间的关联关系，政策利润是考虑企业和政府部门之间的管理关系，政治利润是考虑企业和权力、社会发展之间的关联关系。越往企业内部看，利润空间就越小；越往企业外部看，利润空间就越大（见图5）。

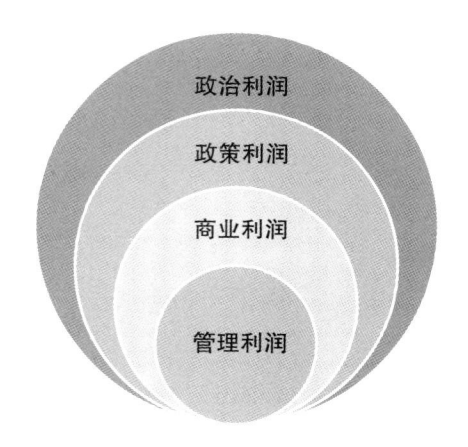

图5　企业利润的来源

在某种程度上，没有政治关系的保护，企业就是在"裸奔"。美国对华为的打压，以及谷歌、脸书、推特或是从言论上或是从技术上对中国企业的打压其实都是和政治有关系的。政治利润、政策利润、商业利润和管理利润的维度是依次降低的，盈利模式就是通过这些维度之间的降维来产生势能。维度越高，形成的势能越大，给企业带来的利润就越多。所谓的"站在风口上，猪都会飞"，就是说企业要站在一个更高的维度上。至于要从哪几个角度、哪几个标准来看企业的盈利模式，本书将在后文中讨论。

企业的盈利来自盈利模式而不是管理，那管理的作用是什么呢？以前有句话叫"前途是光明的，道路是曲折的"，对管理者来说，"只有前途是光明的，给员工的道路才能是曲折的"，也就是说：只有当企业赚钱的时候，管理者才有资格去抓管理；只有当企业的前途是光明的时候，企业管理中的变革才没有问题。在企业的前途不光明时如果选择曲折的道路，回过头来看，人可能全跑了。当企业不赚钱的时候，抓管理会使企业"死"得更惨，因为抓管理就会约束和限制员工。可以约束和限制员工，但前提是要给员工利益和好处。员工不但没有利益和好处，还要被约束和限制，能跑的员工就都跑掉了，所以企业只能在盈利的时候抓管理。

管理的目的是降低风险和提高效率，是实现盈利模式的可靠性的问题，当企业赚钱的时候应当抓管理，当企业不赚钱的时候应当去改变盈利模式。很多企业做反了，当企业不赚钱的时候，抓管理只会越抓越糟糕，因为这些做法误判了企业主要矛盾所在。

6 管理寄生于盈利模式

管理出不了效益，真正出效益的是企业的盈利模式，企业赚的每一分钱都来自企业之外。有些企业还想着把企业内部的部门划分为利润中心、成本中心，其实企业内部没有利润中心，只有成本中心，更准确地说是费用中心。企业要做的第一步是确定好盈利模式，建立好企业和外界的价值关系，在此基础上选择最适合这种价值关系的管理机制，管理机制和盈利模式要匹配，管理机制要服务于盈利模式。管理机制走在盈利模式的前面，员工就必然流失；盈利模式超出了管理机制的胜任力，企业就会充满风险。很多企业失败的原因在于管理机制远远地走在了盈利模式的前面，这就是内卷。

有人说管理就是"把正确的事情做正确"，但实际上管理的核心是用人。英国管理专家帕金森写了一本书叫《帕金森管理经典》[1]，书中第一页就说了这样一句话："请千万不要认为人与人之间的关系只是管理学中的一个章节。不是这样，管理学谈的全部内容都是人与人之间的关系。""把正确的事情做正确"中的两个"正确"对管理来讲远远不够，应该有五个"正确"：用正确的人，按照正确的方式和方法，在正确的时机，将正确的事情做正确。正确的事情即盈利模式，正确的结果即绩效。

本章的重点是讨论什么才是正确的人。管理并不是以好人或坏人来区分人的，因为没有绝对的好人也没有绝对的坏人。一个人做一件好事并不难，难的是一辈子做好事而不做坏事。反过来讲，一个人做一件坏事并不难，难的是一辈子

---

[1] 帕金森. 帕金森管理经典（上）[M]. 北京：国际文化出版社，1997.

做坏事而不做好事。在管理活动中人们常常强调德才兼备，这不是管理者应该采取的方式。现实中德才兼备的人很少，大多数是普通人。当德才不能兼备的时候一般会强调以德为先，因为一个人如果没有德却有才，就会产生更糟糕的后果。常见的做法是一个人如果有德有才，那就可以放心地让他去做事。这背后隐含着一个事实：管理者放弃了管理的责任，将完成任务的责任交给了这些"德才兼备"的人。

管理者不仅要以德、才这两个要素来判断一个人，还应该加上另一个要素：规则（见图6）。有德无才守规则的人，对企业很有感情、人品很好，随着新技术的发展，他们不具备新的技能，但是很守规矩，能够勤勤恳恳、兢兢业业，这些人是企业大部分工作所需要的人员。他们可以去做日常的、运营性的工作。一个企业并不需要人人都能创新，人人都忙着创新的企业反而是混乱的、糟糕的企业。无德[1]有才守规则的人，对企业价值观不一定认同或对企业没有深厚的感情，但是具备企业需要的能力而且愿意守合同、守规矩。可以让他们去开展新业务，而不是去做企业合伙人，不是要他们和企业长久连在一起。就一件事情、一个项目来说，员工有能力、愿意守规矩就好，至于他的价值观跟企业不一样也没关系。有德有才不守规则的人也比较多，如《三国演义》中的关羽，他讲义气、有操守、有德也有才，在万军之中取上将首级如探囊取物，但他不守规则，不遵守诸葛亮制定的"联合东吴共抗曹魏"的政策，把荆州给弄丢了。应该让这样的人去开拓新业务，因为新业务不能按照老的规则去做。这种人有能力，容易把事办成，同时这种人的品德不错，不会做出太出格的事。《三国演义》中，诸葛亮用人的最大错误不是用错了马谡而是用错了关羽，他应该让关羽去攻而不应该让他来守。有德有才不守规则的人是不适合防守的，应该让他们去开拓新业务。有德有才守规则的人，可以让他们去做领导。德、才、规则还有一种组合，叫无德无才不守规则，这种人不仅对企业无用，对社会也没有益处。因此，管子说："天下不患无臣，患无君以使之。"德才不必兼备，但企业需要加强规范管理，现实中出现的一些所谓"人才难得"的情况，是因为管理者放弃了管理规范而仅

---

1 这里的"德"并不是指社会公德，而是对企业的价值观的认同或者对企业的感情。

对员工求全责备造成的。

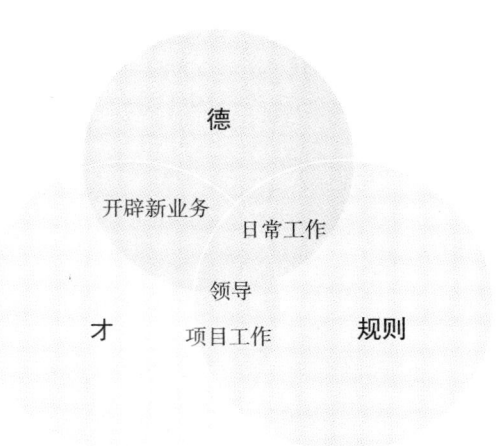

图6　不同类型人员的使用

从管理角度来讲，把坏人留给制度后，才能够把好人留给自己，所以叫"疑人要用，用人要疑"。人们要密切合作，没有那么多管理者不疑的人，所以疑人也要用。任何人都可能受到诱惑，唐朝李义府的《度心术》中有句话："利厚生逆，善者亦为也；势大起异，慎者亦趋焉。"意思是利益丰厚到一定程度以后，即使是善良的人也可能会背叛你；势力大到一定程度以后，即使是胆小的人也可能想要造反。人人都想做个好人，但要看有没有制度在替管理者做"坏人"。如果没有制度在替管理者做"坏人"，管理者就只能亲自去做"坏人"。

制度是针对人性的恶、人性的弱点设定的。制度的关键在于把合适的人配置在合适的位置上，这样可以发挥他们的长处而不是改变他们的短处。没有"入门"的管理者会试图改造一个人；"入门"的管理者会把关注的重点放在规则制定上而不是放在人本身上。人善变且不愿意被改变，人的缺点通常不会被改变，只能发挥其长处。有效的管理规则是让人们自己去寻找对他们最有利的行动策略，以做到"主观上为自己、客观上为企业"。这才是管理的核心，这才是实事求是。

7 人才与矛盾共存

人人都希望自己成为人才，人人也都觉得自己在某一方面是人才。但是在现实中，人们遭受不公平待遇的时候可能更多，怀才不遇的心态也十分常见。唐宋八大家之一的韩愈的《马说》中有一句话："虽有名马，祇辱于奴隶人之手，骈死于槽枥之间，不以千里称也。"意思是千里马往往并不会得到别人的重用，因为很难碰到赏识它的伯乐。

怀才不遇的原因究竟是什么呢？有时候员工在工作中觉得很委屈："我提议这件事还不是为了企业好？哪一点不是为企业着想？为什么大家都不支持我？"这样就容易产生一种叫"阎王好见，小鬼难缠"的心态。但是"阎王好见，小鬼难缠"真正的原因还是在我们自己身上，因为我们把该对"阎王"说的话对"小鬼"说了。对"阎王"可以谈理想，对"小鬼"则只能谈利益，结果日常工作中我们经常是与"小鬼"谈理想，那自然就会产生问题。"你做这件事是为公司好，那你对老板讲啊，你对我讲干什么？你知道这件事给我的部门带来多少麻烦吗？"这就是很多人在工作中觉得委屈，觉得"我以我心照明月，奈何明月照沟渠"的原因。

让我们来看一个人的例子。此人名叫于谦，他是明英宗朱祁镇时期的兵部尚书，是留下"千锤万凿出深山，烈火焚烧若等闲。粉骨碎身浑不怕，要留清白在人间。"这首《石灰吟》的人。当年，朱祁镇受了太监王振等人的蛊惑，和瓦剌人打仗，结果土木堡一战全军覆没，皇帝自己也被俘虏了。瓦剌人拿皇帝做人质跟明朝谈条件，说皇帝在我的手里，你们需要割地赔款、俯首称臣。结果，于谦力排众议，扶持了朱祁镇的弟弟郕王朱祁钰来做皇帝，将朱祁镇尊为太上皇。这样一来，朱祁镇这个皇帝作为人质的作用就减弱了，因为已经有了新皇帝，人质还有什么用呢？所以瓦剌人就把朱祁镇给放了回来。通常有这样一个规律：对外不行的，通常对内都很厉害。换句话说就是，对上级溜须拍马的人，对部下都比较苛刻。而朱祁镇就是对外不行对内却很有一套的人，被放回来不久就发动政变把皇位夺了回去，重新做了皇帝。他再次做了皇帝后做的第一件大事就是把于谦给杀死了。于谦尽管对国家有贡献却死得很惨。《史记》中有句话："飞鸟尽，良弓藏；狡兔死，走狗烹。"原因就在于，当你能解决皇帝的矛盾时，你对他来说就是人才；你不能解决他的矛盾时，你对他来说就是路人，甚至是障碍。对企业来说，其实也是如此。有些人觉得委屈，感到怀才不遇，其实反思一下自己的才能是否与解决企业的矛盾有关就可以理解了。另外，企业的矛盾会随着时间的变化而变化，今天是矛盾明天可能不是矛盾，所以今天是人才明天可能就不是人才了。人才是随着矛盾的变化而变化的，不能解决矛盾就不是人才，这是管理世界中残酷的现实，也是"慈不掌兵"的原因之一。

　　孙中山曾写过一个条幅"天下为公"。很多企业都呼吁员工为企业奉献，希望大家一心为公。实际上，公和私并不能够完全分开。什么叫公？所有私的最大公约数就是公。私是公的基础，没有私，公就不可能凭空产生。公又是私的保障，没有公，一个个具体的私就得不到保障，因为人人都会为了自己的私利去斗争，在这种丛林法则中，私，特别是弱者的私，就得不到保障。了解了公与私之间的这种对立统一关系才能解决公与私之间的矛盾，也才能够做好管理工作、建立好管理机制。

　　人都有私心，在实践过程中经常会有一个说法"你先告诉我怎么考核我，我再告诉你怎么做"，大家都会选择对自己有利的方面去做。例如，你想让一个人朝一个目标跑快一点，可以放一只狗在他的后面追他，跑慢了狗就会咬到他，那么这个人就会拼命跑。如果你放的不是一只普通的狗，而是一只藏獒，这个人一看自己再怎么跑也跑不过藏獒，就会爬到树上去，因为这样才能保护自己。

　　上司不是因为比下属聪明才做了上司，下属可能更聪明，他们保护自己的策略经常远远超出上司的想象，这就是常说的"上有政策，下有对策"，只不过这些策略大多是保护他们个人的小私而损害公司的大公的。导游宰游客事件的根源并不完全在于低价团，而是在于导游没有底薪或底薪很低。当他们没有长期收益的安全保障时就会更加注重短期利益，而这样的行为则会给企业带来长期不良影响。老板之所以成为老板是因为他们能够先考虑员工的安全，老板要比员工能够担责任。如果老板对员工说"你如果给企业挣一千万元，我就给你一百万元奖金"，这是将风险给员工而将安全给自己，这样的人如果能当老板的话那么人人都可以当老板。当老板应该是"不管我挣还是亏多少钱，只要你按照我说的去做，我就给你一百万元"，这才是把风险和责任留给自己，员工才能跟着干。管理者是把集体的公隐含在保障员工的私的背后的，这就是老子所说的"以其无私，故能成其私"。

人才是随着矛盾的变化而变化的。企业面临的矛盾不断变化，企业衡量人才的标准也在不断变化，因此，人才一直忠于某个企业的情况就会越来越少，他们开启了游牧模式，哪个地方有好处，他们就愿意奔哪儿去。企业越是尊重人才，越会给他们配团队、配条件、配设施，人才就越容易出成果，但越容易出成果，愿意出高价挖走他们的其他企业就越多。这些人才一旦被挖走，就在原先的企业形成了一个"人才烂尾楼"，这种现象可以称为"企业不仁，员工不义"。在变幻莫测的环境中，企业越来越没办法做到"仁"，员工也越来越没办法做到"义"。因为企业预测不到将来自己的矛盾会在什么地方，也就不能够承诺员工只要在企业好好工作就能够一辈子衣食无忧。员工也是这样，你不能保证我一辈子衣食无忧，那我为什么不奔向那些眼前能给我们更好待遇、更好条件的企业呢？在这种情况下，企业应该具有什么样的人才观念呢？那就是要尊重人才但不能够依赖人才。尊重人才的企业是一个好企业，但是依赖人才的企业就很危险了。传统的管理是找到合适的人，然后相信他们，给他们好的待遇，充分激励他们，剩下的一切都交给他们去做就行，但这实际上是放弃了管理的责任，到最后反而会产生"人才靠不住"的不良后果。

在乌卡时代，企业真正靠得住的是用人机制，而不是某些独特或者非凡的人。在100多年前，科学管理理论的创始人弗雷德里克·温斯洛·泰勒曾经说过："到目前为止，我们都认为人是第一位的，管理者要做的工作就是找到合适的人，但从现在开始，应该变成系统是第一位的时候了。"[1]弥补低效能的办法不是找到能干的非凡的人，而是要靠科学的管理方法、有效的规则来促进企业整体效益的提升。

---

[1] 出自弗雷德里克·温斯洛·泰勒的《科学管理原理》，1911。

8 项目就是共同创业

"满足客户需要"是人们熟知的一个观点，很多企业把它作为企业发展最关键的一项原则。在市场性的项目中经常会有两个角色，一个叫甲方，另一个叫乙方，甲方布置任务乙方完成任务，甲方是客户乙方是供应商。两者之间是通过一个合同连接起来的，甲方提出需求乙方满足需求，满足需求的方式就是合同，这个合同就是项目。在这样的项目中，甲乙双方之间的边界是明确的。但是在具有易变性、不确定性、复杂性和模糊性的乌卡时代，仅满足客户需求已经远远不够，因为客户本身也不知道他们的需求是什么。在现实中，我们会经常碰到客户的需求不断变化的情况。为什么客户的需求会不断变化？并不是甲方为了折腾乙方，是当他们做了一步之后才能明确下一步，是在项目实施过程中客户随着项目进展和环境变化又有了新的想法。甲乙双方之间的关系已经不能通过明确边界范围、明确项目成果的质量要求和费用指标来缔结，而是彼此交融纠缠在一起，甲方乙方的角色分工不那么明显了，彼此之间为了实现各自需求不断彼此试探、确认和改进。最近几年大家可以经常听到"敏捷项目管理"这个说法，就是因为企业很难严格按照传统的瀑布模型去设计、开发、实施项目和交付项目成果了。

网络计划图曾经是项目管理中很重要的一种方法，画图的时候强调不能有回路。什么叫回路？就是不能够返工，因为一般认为返工是没有管理好的问题。"三边工程"即边勘探、边设计、边施工的项目管理方式曾遭受了很多批评，人们认为这种方式会造成很多损失。但是在创新的环境下，在面向新的大家都不了解的需求的情况下，返工和"三边工程"不可避免。当然，现在不叫"三边工程"了，而是叫迭代模型、敏捷模型、螺旋模型以及螺旋增量模型等，新概念很多，其实都是为了顺应时代的特征（见图7）。乙方不能再通过单纯地按照甲方需求、提高执行力来保证质量或减少成本就可以完成项目了。在乌卡时代，企业需要不断地与客户联合创业，但这样就会带来很多管理问题。

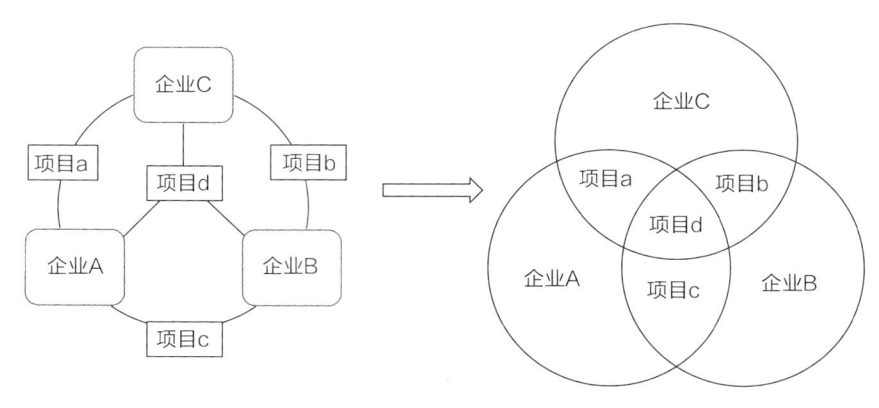

图7 项目来源的转变

每个项目都是一个临时性的企业，都是一个甲乙双方联合的创业企业。项目经理不再是单纯的执行者，而是项目的CEO，他们的责任向前端移动了，他们的成果指标也不仅仅是工期、质量、费用，而是项目未来的经营价值。在此变化下，项目合同的边界怎么界定、合同的定价怎么确定、合同的工期和预算怎么制定将成为新的项目管理问题，解决这些问题也是未来项目管理所要面临的挑战。

一方面，项目总是应对突然产生的动态的机会，如果我们抓不住这些机会，它们很快就会被别人抢走。在网络发达的社会中，信息越来越畅通，项目机会的透明度很高，机会会突然涌现也会被迅速抢走。另一方面，项目资源是动态的，人才会随着矛盾的产生而产生，也会随着矛盾的消失而消失，所以人才的流动性会越来越强。一个企业不可能把所有的人才都攒在手里等机会的到来，因为攒着人才可能没有等来机会反而需要不断开支。但如果不攒着人才，一旦机会来了又没有人可用，这样机会就会流失。这个矛盾怎么解决？企业必须会用动态资源，要有办法让人来得了、干得好、走得掉，人力资源不但要便宜、质量好，还要能够快速胜任。

根据美国项目管理学会（Project Management Institute，PMI）以及很多教科书的定义：项目是一项临时性的、独特性的任务。举个例子：写一本书是不是新的任务呢？它是临时性的、独特性的新任务，但是不是项目呢？按照这些定义也可以把它称为项目，但是它有真正的管理上的挑战吗？没有，所以项目的概念应该是"面向创造独特价值的由相关方构成的协作分享平台"。在这个平台上，大家都是奔着自己的理想而来的，都是为了自己的目的才来合作的，也就是"我们来自五湖四海，为了各自的目的走到一起"。怎么才能让各有目的的人走到一起？应该建立什么样的规则？怎么才能够使合作的过程既创新又可控？如何解决这些问题就是项目CEO所面临的挑战。

对于初创公司而言，赚钱生存似乎是第一要务，但是，对这些企业来说，与不赚钱同样可怕的是只要有钱就赚。赚钱变成企业的根本目标会毁了一个企业。我们之所以提出"要有公益之心和商务之能"就是为了解决这个矛盾。如果没有公益之心，那么做企业早晚会出大问题；如果没有商业之能，那么做企业则眼下就生存不下去。统一这两个矛盾的突破点还在于企业对外界价值的评判，在于判断这种价值能否符合天道，如果符合就可以从此入手，如果不符合就需要再去寻找。现在的社会更需要的是如果改变不了环境就选择另外一个环境，违反规则所带来的风险太大。企业从一开始就要明白自己的理想何在和眼前的问题何在，如果不能实现两者的统一，创业就需要缓一缓。

社会越是快速发展，对项目CEO、项目管理者的需求量就越大。中国是世界上最大的发展中国家，也是发展最快的国家之一，因此中国拥有世界上最多的项目管理者。换句话说，美丽的中国梦就是建立在一个个具体的项目特别是创新项目之上的。项目管理者的拥有量也表明了国家创新发展的实力。据科技部国际人才交流中心2019年做的《中国项目管理20年发展报告》分析，PMI的项目管理专业人士资格认证（Project Management Professional，PMP）考生已从2000年的316人发展到2019年的14.5万多人，近20年考生总数达到64万人，占全球PMP人数的1/3。现在国家又提出新型基础设施建设（简称新基建），必然又会迅速涌现无数形形色色的项目，数字化项目、新能源项目、生态项目等会如雨后春笋般涌现，项目管理能力将会变成一个重要能力，项目管理大有可为。

9 企业是经营项目的社区

在乌卡时代，项目成了供需双方协同创新的合作平台。在这种环境下，企业也将相应地变成经营项目的社区，成了孵化、支持一个个承担具体业务项目的平台。这个社区或平台对项目而言不是公益的，项目是有特定市场目的和成果目标的，是一场场具体的战斗，社区和平台为这些项目赋能、为这些项目提供有效的生态环境并收取这些项目的"增值税"。

这种企业内涵变化中最基本的是传统的人力资源概念在发展变化。越来越多的"90后""00后"，特别是其中的知识工作者不愿意仅仅作为别人的资源而存在。人才的判断标准随着矛盾的变化而变化，企业在变化中无法预测未来，不知道将来的矛盾会是什么样的，所以对企业忠心耿耿的人，企业有可能会因为矛盾存在而给予重视，当矛盾转移了的时候，企业对他们不仁就成了一个不可避免的事情。相应地，人才也不会把自己的命运完全押在一个企业上，否则哪天企业不再对自己仁义了那么自己就吃亏了，人才也会越来越多地从自身安全和发展的立场上考虑和企业的合作关系。在企业无法仁也无法义的环境下，人员的流动会很频繁，人们的自我维权意识也会增强，愿意作为别人的资源来被对待的人会越来越少。人们都有自己的计划和打算，不是任由企业放哪儿，就愿意在哪儿待着，不是企业叫干什么就能够听话地去干什么。人力资源背后隐含的雇佣关系正在演变成伙伴关系，越有能力的人越愿意和企业合伙而不是作为企业的附庸甚至物化的资源被对待。合伙人地位是平等的，彼此根据约定，人才贡献什么价值，企业给予什么回报，而不是上下级关系中下属服从上级这样不平等的权力关系。

9 企业是经营项目的社区

这种企业内涵变化带来的另一个变化就是组织变成了社区。上下级之间关系依赖的基础在改变，靠权力关系不行，靠权威同样不行。在以前，上司往往比下属知道得多，这种情况将会变得越来越少，更多的是下属比上司知道得多，所以上司不能把他们当成传统的下属对待，只能把他们当成专家对待。这些前提条件改变了，组织依靠权力、依靠对资源的占有构成的等级、刚性的机构就变成了一个社区（community）。社区也有基本的规则，但是给入驻人员留下了更多的自由空间。在此社区中，人力资源管理的核心概念"岗位"一词也将变成动态的与责任关联的"角色"，即在动态的项目中每个人的工作和责任范围会随着项目的需要而变化，而不是按照预先设定的岗位而机械地执行。

企业这个社区是围着四个与项目相关的管理演化成长的：第一个叫作"项目化管理"。我们有时会将一项工作定义成项目，叫作"项目化"。一个常规的工作，给它设定一个阶段目标，把它作为一个项目来对待，这样这项工作就具备了临时性的项目特征。但项目更重要的一个特质是创新性，其核心在于从无到有、从0到1的过程。从日常运营中发现一个机会，把这个机会变成一个项目，这个过程叫作"项目化过程"，换句话说，对这个过程的管理才是真正的项目化管理。从客户那里拿到合同的过程就是一个项目，怎么才能发现商业机会并拿到订单就是一个项目化管理的过程。众所周知，项目管理由项目经理负责，但是项目也有盈利模式，项目的盈利模式是谁来负责的呢？如果承担了一个盈利模式错误的项目，项目经理再努力也做不好这个项目。盈利模式正确与否在于项目化管理，这是另外一个团队负责的，可能是一个项目发起人（project sponsor）负责的，也可能是另外一个项目经理负责的。

有了项目化管理以后会得到一个项目，就转变为常规的由传统项目经理来负责的项目管理，这是第二个与项目有关的管理。华为的任正非说过一句话："要让听得见炮声的人呼唤炮火。"这句话说得很好，因为要根据战争前线的变化调动后方的资源。但是在企业实践中这个思想很难实现。对企业来说，动态的、面向满足客户需求和交付成果的项目经理是"听得见炮声的人",而稳定的、掌握相关专业资源的部门经理则是"炮火"。在实际工作中,临时性的项目经理很难从稳定的部门经理那里直接调动资源,即使有明确的指挥流程也不会很顺畅,因为部门经理需要在多个项目之间平衡资源。这些矛盾一般必须经过更高层的分管领导之间的协调才可以解决,而此过程常常需要大量的等待时间,也常常会影响项目的最终进程。所以让听得见炮声的人呼唤炮火不是那么简单的,它必须具备一个要素,叫作"为项目管理",这是第三种与项目有关的管理,很多稳定的职能部门就是做这个事的。

如果没有由岗位向角色的转变,这些稳定的职能部门都有可能是衙门,他们怎么会主动为项目管理呢?企业不可能把一些资源完全放在临时性的项目经理手里。更何况,很多项目经理也没有受过资源管理的训练,特别是没有受过财务的训练,如果给他们足够的资源使用权力,反而会把事情搞坏,他们可能会为了局部的项目利益而损害企业的总体利益。在项目管理学习过程中,有两个英文术语,一个是program,另一个是portfolio,简单地说,program就是"项目管理",portfolio就是"为项目管理"。前者重在项目任务的组合方面,后者重在企业整体的效率和效益方面;前者侧重于在限定的资源和时间范围内完成任务,后者侧重于资源的配置和项目之间的治理机制的设计;前者是达成目标的必要条件,后者是达成目标的非必要条件。

仅有这三种与项目相关的管理还不够。一个不想当将军的士兵不是好士兵,可是如果军队中人人都当将军,军队就乱套了,企业同样如此。如果没有项目就没有创新和发展,可是如果工作全部都是项目,企业的规模化、可靠性和稳定性就会比较差。因此,在项目管理和为项目管理后还要有一个非常重要的与项目有关的管理叫作"去项目管理",也就是由临时性、独特性、创新性的项目成果转向常规的运营而开展的管理工作(见图8)。

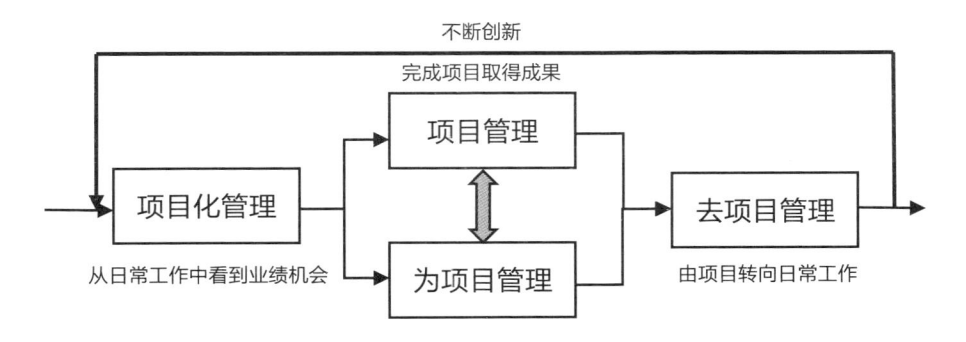

图8 基于项目管理迭代的企业成长

这四个与项目相关的管理起源于运营、发展为项目、又迭代为新的运营，这是企业持续成长演化的路径，对整个过程负责的就是项目CEO。

10 变还是不变的困境

现在的企业面临着一个问题就是环境在不断变化、技术在不断变化、人才需求在不断变化、客户也在不断变化，那么企业是要变还是不变呢？有一个矛盾一直困扰着企业，即"改变，是抢死；不改变，是等死"。就像一个人在机体已经衰弱或是在生病的情况下，是不做手术还是做手术呢？不做手术可能慢慢地走向死亡，做手术可能死得更快。很多企业是"猝死"，也就是在变革的过程中快速死掉。

一般说来，应对变化有三种方式。第一种就是学习。环境变了，人也要变。社会产生了新技术，我们就去掌握新技术；国家有了新政策，我们就去学习新政策。所以"学习型企业""学习型组织""学习型社会"这些词都很流行。但学习真的能够使企业足以应对变化吗？恐怕未必，因为当我们还没学会的时候，环境又变了，我们还没有走出校门，学的知识就有可能过时了。学习是永远落后于"最前沿"的，但在信息畅通的情况下、在社会常常只认第一不认第二的情况下，学习可能会让差距越来越大。更何况人的年纪越大，学习能力就越弱，而企业越庞大，学习能力其实也越弱，学习的领先性和可持续性都难以保证。

学习既不能够满足社会快速发展的需要，又不能够满足可持续发展的需要，所以就有第二个应对变化的方式，即创新。创新行不行呢？创新听起来很诱人，现在创新已经成了一个人们随口就来的俗语。创新是不能按照以前的逻辑推导而进行的，创新是一种突变。当创新的成果形成后，我们回过头来再看时反而容易找到创新的逻辑脉络，也就是当"事后诸葛亮"很容易。但是由现在向未来看

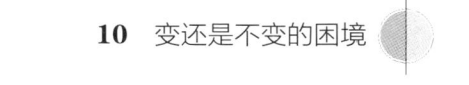

时，人们看不到创新的逻辑脉络，所以创新往往是不可控的。

对一个企业来讲，不可控意味着企业的风险会大大上升，企业经营管理要的是可控而不是惊喜。创新往往来源于天才和运气的结合。我们不能否认，人与人之间是有差异的，这个世界上就是有一些在某些方面有极高天赋的人，他们能够很轻松地取得某些成就，而其他人再勤奋也难望其项背。企业有没有这些天才？一般来说没有，企业有的大多是勤能补拙的普通人，这些人可以通过努力取得较好的创新成果，但他们和天才能取得的成就是两码事。

天才还要有运气的加持才能取得创新成果，因为创新是一种突变而不是演绎。如果阿基米德那次回去后没有泡澡而是淋浴了，那浮力会不会被他发现呢？再开个玩笑，如果牛顿那天没有坐在苹果树下，而是坐在榴莲树下，掉下一个榴莲砸在头上，恐怕他想到的不是"为什么榴莲会从上往下掉而不是从下往上升"这样的问题，那么万有引力会不会被他发现呢？

在变化的世界中，学习赶不上变化不能保证可持续性，而创新又有极大的风险和不可靠性，企业如何才能解决"不变是等死，变是抢死"这样的困境呢？世界有很多种变化，有科技变化、气候变化等，但是有一种东西不管外界怎么变化，它都是相对稳定的，这就是人性，人性从来没有变过。因此我们可以利用这种稳定性去应对变化，解决企业"不变是等死，变是抢死"困境的方式就是合作。在变化的世界中，最大的变化之一是科技变化，很多变化都是由此衍生而起的。先进的科技是由天才创造的，我们不是呼吁普通人去向他们学习，更不能激励普通人和他们竞争，这些做法一般都会事倍功半，有效的方式是和已掌握先进科技的人合作。随着年龄增长，学习能力变弱，创新能力变弱，但是合作的能力变强，对企业来讲也同样如此。

项目管理的本质就是促进有效合作。企业有三种常见的管理方式（见图9）。一种叫文化，人们经常谈到"人管人累死人，文化管人管住魂"，但依靠文化来管理项目行不行呢？文化是长期以来慢慢形成的不成文的潜规则，文化的形成需要一个长期的过程。项目的特征是机会稍纵即逝，一个项目来了如果不能够迅速完成，很快就会被别人抢走，哪有时间慢慢去形成文化呢？现在有些企业提出"起跑就是冲刺，开局就是决战"的理念，这并不一定是急躁冒进，而是项目的特征促使市场的竞争使然，也是客户迫不得已的需求使然。文化需要长期的传承，但是急剧变化的时代很难允许项目有足够的时间在动态的项目利益相关方之间形成文化，这是依赖文化管理项目的第一个难点。

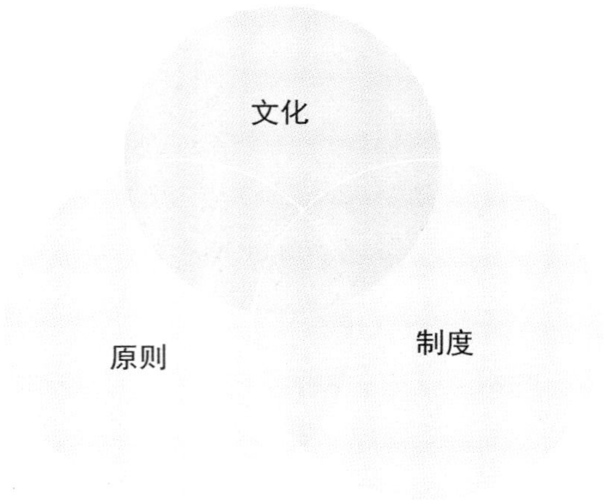

图9　企业的三种管理方式

第二个难点是文化一旦形成，习惯就建立了，舒适区也就建立了，人们就很难走出舒适区与具有不同习惯、不同文化的人合作。文化一旦形成很难改变，正如列宁所说的"最可怕的是千百万人的习惯势力"。一个城市要发展，就必须"南腔北调"，深圳文化具有多样性，这样的城市才有活力。文化对一个国家的发展来说很重要，对一个企业的发展来说也很重要，但对于临时性的、需要快速整合来自不同专业领域、不同主体单位、不同文化背景的人才能完成的项目来说，其重要性会打折扣。

另一种管理方式是靠制度管理。靠制度管理项目行不行呢？制度总是针对重复性、经常出现的情况而言的。一件事情经常出现才会建立一个制度去规范它，所以制度的一个特点就是它总是僵化的和滞后的。高速公路管理部门不会因为在高速公路上一个偶然的重大交通事故就会在那里立一块"事故多发地带"的警示牌，只有这个地方经常出交通事故才会竖立一块牌子提示大家。文化和制度适合相对稳定的社会环境，适合相对稳定的组织，但对项目来讲有效性不够。

对项目管理而言，有效的方式是第三种——基于原则的管理，也就是在严格的原则框架内给人们有限的自由度。人们买了房子后都希望按照自己的意愿装修，有的喜欢贴壁纸，有的喜欢刷墙，有的喜欢铺地板，有的喜欢铺地毯，具体问题具体分析，怎么装修都可以，但是有一点必须遵守：房屋的承重结构不能动。这就是原则，"在严格的原则框架之内给人们有限的自由度"是项目管理的重要法则。

管理者需要靠不变的原则去管理独特的项目。管理过程中的"一抓就死、一放就乱"是因为非原则性的东西抓多了才导致"一抓就死"，而原则性的东西放多了又导致"一放就乱"，这些都是没有把握好灵活性和原则性之间的对立统一关系。

项目的管理原则有多少个？没那么多，其实就两大原则：一种是做人的原则，一种是做事的原则，这两个原则联合起来就得到了所有项目管理的方法。

第2篇

构建思维和管理原则

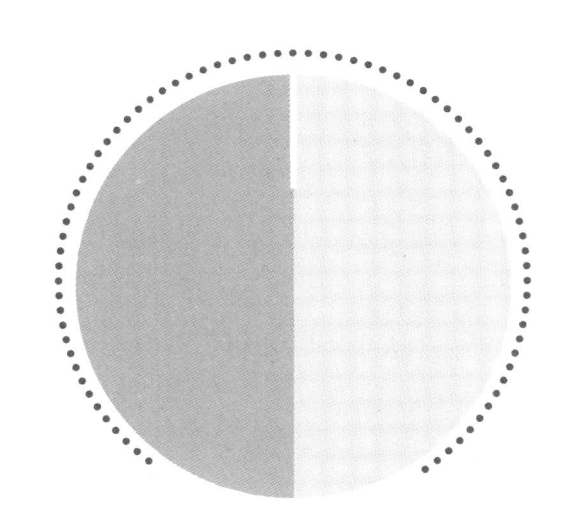

11 项目管理的做人原则

"要做事，先做人"是人们常听到的一句话。什么是做人？在工作中是不是我们自己做一个好人就可以了呢？不是这样的，首先，好人的标准因人而异，因价值观而异。做事有做事的规则，做人有做人的规则，不懂这两者之间存在根本差异的人很难胜任管理工作。这也是科技人员和管理者之间的根本区别：科技人员追求对错真假，管理者讲究合理有效；科技人员做自己喜欢的事情，管理者做职责要求做的事情。

很多人都是做成事以后反过来说："我是通过做一个好人才做成事的。"做事过程中隐秘的、关键的东西，他们不会告诉别人。做事是需要方法的。道德可以约束自己但很难约束别人，约束别人的是法制，但人们又常常会"严以律人，宽以待己"，因为我们都是普通人，没那么高尚纯粹，当然也没那么自私卑鄙，有效的管理者应该是直面现实的人，而不是浪漫的理想主义者。管理的核心并不是自己做事，也不是通过自己的道德感召别人，而是在了解人性的弱点之上，通过一定方式、方法让人们为了自己的追求去"主观上为自己，客观上为集体"。

"要做事，先做人"并不是指自己做一个好人，而是要把"人"的工作给做好，是通过主观上满足相关方各自的需求达到客观上实现项目目标的效果，这就是项目管理的做人原则。

"得道多助，失道寡助"，让相关方各自的需求从项目中得到满足是项目成功的重要标准，也是项目的价值所在。从管理角度来讲，知人善任很重要，但知人的前提是知己，只有认清自己的真正目的，才能判断谁能够帮助我们达到目的，才能弄清楚"谁是我们的敌人，谁是我们的朋友"，也才能识别清楚项目的相关方。所谓相关方，是与我们的目的成败有关的各方，没有我们自己目的的设定，相关方的识别就没有参照的依据，相关方也就不存在。

当你不知道去哪儿的时候，给你一张地图也没有用。人们常说"客户是上帝""以客户为中心"，似乎满足客户需求是我们的首要工作，是我们做工作的出发点和存在的理由，其实不是这样。相关方是和自己目的相关的人，客户是来帮助我们达到目的的，如果他们不能帮助我们达到目的，他们就不是我们的客户，我们也就不应该主动去满足他们的需求。管理者要先激发内部的渴望并建立满足自己愿望和做好客户工作之间的逻辑关系，不能只是话说一半。要让员工明白自己的目的，明白只有满足客户的需求才能达到自己目的的道理，这是做成事情的关键一步。

很多人并不知道自己的目的是什么，什么时髦就跟着什么走，客户有什么样的需求就跟着客户走，然后自己还觉得满足客户需求是对的。如果一个人自己就可以把自己的目的达到，那他根本不用考虑外界，根本不用考虑所谓的客户，何必要去向客户赔笑脸呢？只有当要达到自己的目的离不开客户的时候，才会向客户赔笑脸，才会说出"客户是上帝"这样的话来。

明确了自己的目的后才能走入第二步，即识别影响我们达到目的的相关方。相关方一般有以下五种。第一种是说了算的人。如果不能抓到关键的人，没有找到决策者，那么一件事就办不成。如果搞不定说了算的人就要去找第二种人，即那些能够影响决策者的人。第三种是具体办事的人。具体办事的人也有很多灵活的空间，因为任何上司都不可能把好处和权力全归了自己，否则部下就没有办事的积极性了，他一定会给具体办事的人一些空间。第四种是不直接参与此事但会通过做这件事得到好处的人。任何事都有得到好处的人，这些人是做项目需要团结的对象。任何事情、任何决策、任何管理也都会有人得到坏处，做项目时我们也需要小心应对第四种人。当然，还有一种人很关键，也就是第五种人——通风报信的小人物。管子曾经说过："宁过于君子，而毋失于小人。"在做事时，人们不会忘掉那些显赫的、能决策的、有权力的人，但是往往会忘掉这些大人物身边的小人物。事实上，无意中得罪了大人物可能没有太大关系，因为大人物相对会更看重最终的价值、看重大局，心胸也比较宽广，因为他们的眼中有更大的世界。小人物则不一样，一点点小事对他们来讲就非常大，他们很可能就是靠这一点小利生存的，因此他们不会让其他人坏了"规矩"，会拼命捍卫利益。100元对一个亿万富翁来讲和对一个很贫穷的人来讲，效用是不一样的，所以不要得罪小人物。这是非常关键的，历史上有很多这样的教训。

　　第三步是识别相关方的需求。没有无缘无故的爱，也没有无缘无故的恨。客户是为了满足一定的需求才向我们支付钱的。了解相关方的需求也不容易。首先，他们自己也未必知道他们的需求是什么；其次，他们知道自己的需求但不能说出来；最后，即便他们说了我们也未必听得懂。

　　了解了相关方的需求之后，第四步就是要确定满足需求的途径是什么。满足需求的方式也要考虑相关方的需求。人都有尊严，有廉耻之心，过于直接生硬的"嗟来之食"很难让人接受，因而确定满足需求的方式不仅必要，甚至会比需求本身更重要，这同样是人性的特点。商务谈判中之所以有一条规则叫"绝对不要接受对方的第一次开价"，是因为对方一开价你就答应了，对方会觉得要价要少了，会很后悔，会在后续合同的执行过程中千方百计地找补回来。谈判的目的不仅是成交，还要让对方觉得赚了才行。

　　考虑完以上四步还不行，还要形成闭环，也就是还需要一个步骤来判断当满足相关方需求之后能不能达到我们的目的（见图10）。

11　项目管理的做人原则

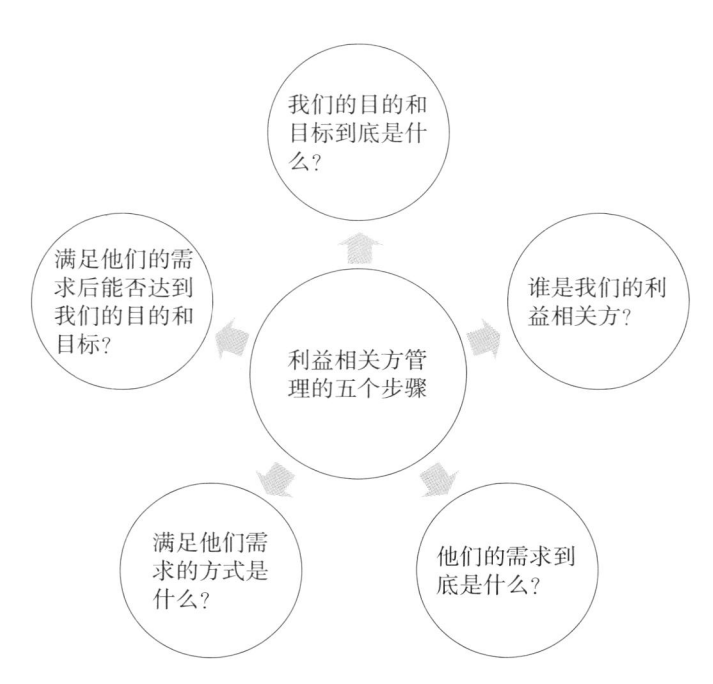

图10　利益相关方管理的五个步骤

（图中内容：利益相关方管理的五个步骤——我们的目的和目标到底是什么？；谁是我们的利益相关方？；他们的需求到底是什么？；满足他们需求的方式是什么？；满足他们的需求后能否达到我们的目的和目标？）

项目管理的做人原则就是满足自己和相关方需求的原则，要将自己的目的和相关方的需求统一起来，这是一个反复迭代的过程。

043

12 项目管理的做事原则

项目管理的做人原则就是在明确自己目的的基础上，找到合适的相关方并满足相关方的需求，从而达到自己的目的。这个原则体现了项目的本质，即项目是相关方共同创造和共同分享的平台。本章节要谈的是项目管理的做事原则。所谓"一阴一阳之谓道"，"做人的原则"和"做事的原则"这两条基本原则结合起来就会得到所有项目管理的方法。

什么是"做事的原则"呢？不是勤奋努力、踏踏实实、自尊自强，管理者眼中的做事原则和我们个人做事的原则是不一样的。在企业中，大家经常会听到一个词"消极怠工"，但现实中消极怠工的人很少，更多的是"积极怠工"。什么叫"积极怠工"？就是每天都很忙但不出活，很辛苦但效益很差，这种现象就叫作积极怠工，与现在所说的"内卷"有类似之处，人们在主观上、形式上都是积极的，但是从客观上、从成果角度看实际上是怠工的，积极怠工比消极怠工对企业的破坏性还要大。

积极怠工的根源在于局部的效率不等同于整体的有效，解决了这个根源问题才能减少积极怠工的现象。现在很多城市为了防止交通拥堵采取了一种"快速理赔"的方式，也就是当机动车与机动车发生"人未伤、车能动"的交通事故后，双方应该快速撤离现场，事后再找保险公司等处理理赔事宜。人们认为这种事故处理方式能够极大提高事故处理效率，恢复现场交通。这种方式是不是真的有效呢？在行车过程中，如果前车刹车后车也会刹车，前车起步后车也会起步，但是刹车和起步的反应时间是不一样的，刹车反应时间会短于起步反应时间，这些时间差的累积就形成交通中的偏差累积，这是造成交通拥堵的重要原因。

除了道路的设计和车流量过大，很多交通拥堵是由于随意变道加塞造成的，随意变道加塞就会引起频繁急刹车，一辆车急刹车以后后面的车辆必然紧急刹车，但前面车走了以后后面的车不会同步走。交通的剐蹭事故大部分也是因为变道发生的，走快速理赔程序让剐蹭事故的处理变得更容易，但车辆随意变道的事件就更容易发生，交通堵塞也可能更加频繁。这是一个把局部的效率误认为整体有效的例子。因此，要缓解交通压力，不仅要用好快速理赔，更要严管随意变道和抢道加塞。在项目管理中要树立整体观和避免误将局部效率当作整体效益，方式就是按照项目生命周期（见图11）进行管理。

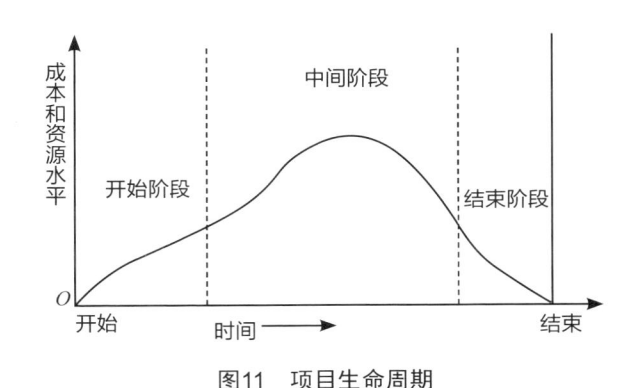

图11 项目生命周期

项目是有阶段的，无论是按照时间序贯进行的瀑布方式还是按照敏捷迭代的螺旋增量方式都会有某种生命周期。随着项目越往后走，我们在项目上累计投入的时间、人力、物力就会越多。发现问题的时间越晚，项目给我们造成的损失就越大，所以需要采用生命周期方式将项目分成几个阶段进行管理。这就是按照生命周期管理的第一个作用，即控制风险。即便是按照敏捷方式开展的项目，也同样包含了计划、执行、检查、改进这样基本的循环，只不过生命周期中每个阶段的迭代次数会多一些。项目具有创新的特质，因而也伴随着各种风险，依据生命周期稳打稳扎是有效控制风险的必要手段。

基于生命周期进行管理的第二个作用是能够更好地明确利益相关方对项目的责任。一般认为项目是由项目经理负责的，尽管总体上如此，但实际上这种说法并不准确，项目在不同阶段的负责人是不一样的。比如，一个项目能否成功取决于它的盈利模式，盈利模式正确的项目就很容易成功。那么，项目的盈利模式应该由谁负责呢？这不是由项目经理负责的，而是由项目发起人负责的，是由项目的所有者负责的。甚至计划阶段项目经理也很难负责，因为计划需要资源，但资源掌握在稳定的部门手里。所以，项目的不同阶段由不同的人负责，不同阶段该由谁负责就由谁负责。

所谓的"首问负责制""项目经理负责制""终身责任制"，其实解决不了项目管理的责任问题，因为有人负责不等于他们应该负责，也不等于他们能够负责，如果这些人不能负责，责任还是会由公司承担。例如，企业信息化建设项目中的软件工程师，他们经常需要和客户中的具体用户打交道，这些具体用户会提出各种各样具体的需求，如果要满足这些需求就会造成项目范围的蔓延，并且影响整个合同的责权利关系。这时候，如果让这些工程师按照首问负责制去负责满足用户的需求，必然会出现抓小放大的忙乱后果，由此产生的一系列损失最终还是需要项目承担方负责。"终身责任制"听起来很好，但实际上责任人可能负不起责。就像某人购买了交通意外险，如果出了车祸断了一条腿，保险公司可以赔钱，但不能赔腿。因此，有人担责任不等于他能够担责任，如果他不能够担责任，这个责任还是推不出去的。

在分配项目任务时还有一条基本原则，即每件事都要有人负责，每件事都只能由一个人负责。如果负责的人多了就等于没人负责。大家经常谈的"共同负责"实际上就是互相扯皮而没人负责。现实中确实有一些工作涉及多个部门，比如，某项工作涉及A、B、C、D四个部门，这种"多头管理"造成的扯皮现象如何解决？一种方法就是把这四个部门合成一个大的部门，叫"大部制"，这样可以指定一个负责人。但有人负责并不等于他能够负责，也不等于他应该负责。现在这种多头管理的现象靠"大部制"解决不了问题，要靠流程细化才能解决。当流程细化到没有一个活动需要两个部门联合负责时就没有"多头管理"的问题了（见图12）。

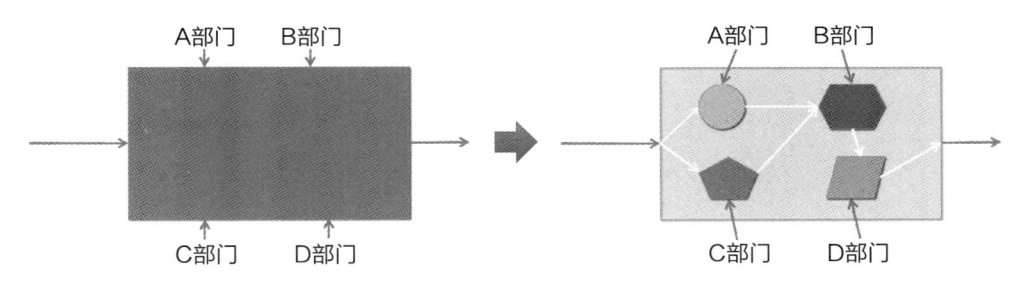

图12　依靠流程细化减少扯皮现象的发生

要用流程来调用项目资源。只有每种项目资源的使用都是服从于流程的，才能打破各部门之间的隔阂，才能打破官本位，才能打破扯皮现象，也才能实现任正非说的"让听得见炮声的人呼唤炮火"。项目经理从某个角度看就是流程经理，流程走完了项目也就完成了。流程的每一步都需要从各个稳定的部门抽调资源，部门听从流程的指令为流程服务。

项目生命周期的第三个作用是有效驱动。我们在海洋公园看海豚表演时可以看到，每个小节目完成后都需要给海豚喂食以表示鼓励，其实人也是一样的，要不断地有成就感才能不断地产出。项目生命周期各阶段的相关方是不一样的，能够从头到尾都参与项目的利益相关方并不多，等到项目完成后再论功行赏的办法行不通，因此要按照生命周期各阶段成果来评价和激励相关方，并以此促进下一个阶段的完成。

管理不讲究惊喜而讲究过程的可控，因为惊喜的结果大多数是惊讶甚至是惊吓。项目管理的做事原则就是基于流程的按照生命周期开展的管理，这是控制风险、落实责任和有效驱动的基础。

13 以统一步骤应对不同项目

项目都是不一样的，都是有独特性的，所以人们经常会用一句话来表示如何管理项目，即"具体问题具体分析"。"具体问题具体分析"这句话对从事具体管理实践工作的人来说也可以叫"正确的废话"。一方面，企业如果没有一定的规则，完全靠管理者在管理过程中灵活机变，那企业的可靠性就会大大降低，它的效率也会大大降低；另一方面，项目之间确实是不同的，需要针对项目的特点采取恰当的方法。

我们常说实事求是，实事求是就是要将普遍的规律（是）和具体的实践（实事）结合起来，实事求是的常见敌人有两个：一个是教条主义，另一个是诡辩。前者试图用普遍的规律去套用具体的个案，后者则是过于强调个案的特殊性而否认特殊性中存在普遍的规律。很多人在学习项目管理时喜欢套用模板，将这种通用模板套用到具有特殊性的项目上时容易产生"差之毫厘，谬以千里"的问题。还有些人过于强调项目的特殊性而把项目管理的成功寄托于项目经理个人的经验和能力之上，这种方式降低了项目成果的可靠性。

2002年，IBM花了大约21亿美元收购了一个由三个教师创办的小企业Rational。为什么Rational这个小企业值21亿美元呢？因为它的一个产品叫RUP，R是企业Rational的第一个字母，UP是Unified Process的缩写，即"统一的过程"，RUP是Rational公司用于管理不同项目的统一过程体系。项目是不一样的，但是完成项目的过程可以是统一的，即能够用统一的过程而不是用统一的规章制度来应对不同的项目。为了应对环境的变化，企业不变是等死，变是抢死，所以要用严格的原则框架去应对有限的自由度。对项目管理也是一样，要用统一的过程来应对不同的项目。

比如，企业要设立项目组织、考核机制等管理方式，应该走这样的统一过程：第一步是建立和优化流程，以明确工作任务及工作任务之间的关联关系；第二步是建立项目组织结构，以明确第一步中的工作任务都由谁来承担责任；第三步是建立考核机制，以推动第二步中各种责任的落实（见图13）。从逻辑关系上看，这个过程很明显，但在实际工作中可不是这样的。一旦碰到管理问题，很多企业改革动不动就从考核机制开始。

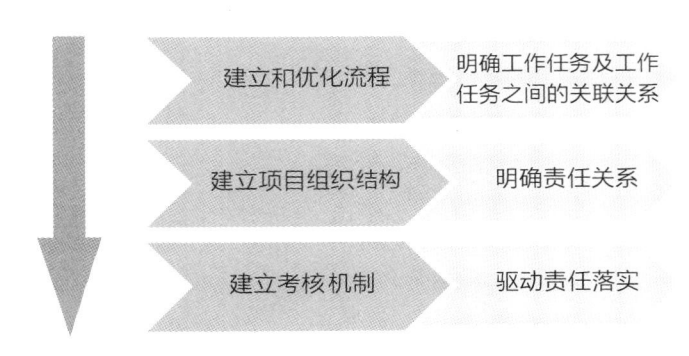

图13　组织设计的内容和步骤

考核机制背后的假设就是员工不够努力，先从考核着手意味着企业的工作安排是合理的，条件是具备的，剩下的就是员工的态度问题。换句话说，考核某个员工的业绩是激发其工作态度，除此以外没有太多的作用。泰勒提出的科学管理原理解决的就是这种错误的认知问题。更何况员工都很聪明，他们会有各种各样的管理者想不到的应对考核的办法。如果企业管理陷入人事斗争，其后果是很糟糕的。同样，如果先设置部门，那么每个部门为了证明自己是重要的，会生出很多事情来。部门是企业将同类工作放在一起集中管理以提高专业性和工作效率而设立的，其目的是支持项目任务的完成。因此，企业第一步应该是建立流程，也就是要确定该做哪些工作。

人们经常会谈到究竟是应该"因人设事"还是"因事设人"，其实这是两码事，因为这里的"事"和"人"具有不同的内涵。如果是一个很厉害的人，那企业可以因人设事，交给他创新即可。但对于普通人，因事设人会更好一点。企业中的大多数工作都是由普通人完成的，所以因事设人更为普遍。因此，要建立和优化流程，先明确要达到的目的，即究竟要干哪些工作，根据工作去找人，看看谁来干这些工作，包括谁应该决策、谁应该支持、谁来具体执行等，要建立组织机构来保证这些工作有人承担相应的责任，做到事事有人管、人人都管事，每件事都有人负责，每件事都只能由一个人负责。然后再建立考核机制来推动这些责任的落实。

在企业中还有一种情况，就是每到年底考核的时候总是有些部门很容易考核，而有些部门很难考核。哪些部门容易考核呢？与赚钱直接有关的部门就容易考核。哪些部门很难考核呢？一般认为与花钱有关的部门都很难考核。这个分类本来就有问题，因为企业的目的是赚钱，如果对部门进行分类应该分成一类是赚钱的，另一类不应该是花钱的而应该是帮着赚钱的。作战的时候，应该是前线部队考核后勤部队，还是后勤部队考核前线部队呢？这个答案似乎很容易得出：应该是前线部队考核后勤部队。在企业经营中是客户考核供应商还是供应商考核客户呢？这个答案也很容易得出：应该是客户考核供应商。但我们可以发现大部分企业内部正好是相反的：坐在办公室里面的人在考核前线跟客户和产品开发相关的人。

企业是经营项目的平台，在这个平台上有四种与项目相关的管理，即项目化管理、项目管理、为项目管理和去项目化管理。同时，企业也有五类部门去实现这四种与项目相关的管理，即商务合约部门，它负责和市场接触，发现商机，把合同（项目）拿回来；合同拿回来后交给项目规划管理部门（也有人称之为项目管理办公室），这个部门要明确三个基本工作，首先是确定以什么样的方案来完成这个项目，其次是要实现这个方案需要哪些资源，最后是在方案执行中予以监控。将方案所需要的资源告知资源供给部门，如人力资源部、财务部、采购部等，这些部门提供人、财、物、技术、设备、知识等专业资源；将项目实施方案和资源交给项目实施部门，项目实施部门完成方案的实施，形成项目成果；将项目成果移交给成果使用部门。在这些部门中，商务合约部门做的是项目化管理工作，项目规划管理部门和资源供给部门做的是为项目管理的工作，项目实施部门做的是项目管理工作，而成果使用部门做的则是去项目化管理工作（见图14）。

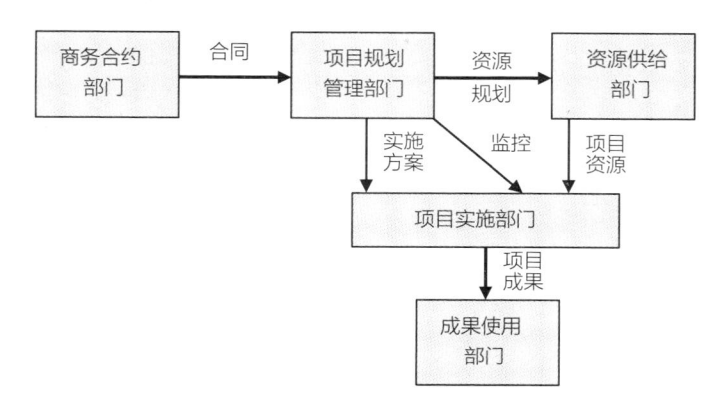

图14 企业的基本部门及其关联关系

我们之前讨论过项目管理中的做人原则和做事原则，这两种原则按照以下五个步骤结合起来就可以得到所有项目管理的方案：第一步是划分项目生命周期的阶段。不管什么样的项目都可以分为启动、规划、执行、监控和收尾五个阶段，尽管不同的项目生命周期各阶段名称不同，但其基本构成都是这五个。即使是敏捷管理，同样也是由这五个阶段迭代而成的。第二步是确定各阶段的主要工作以及这些工作之间的关联关系，也就是上文说的流程。第三步是将完成这些工作的责任分给项目的内外部相关方，做到每件事都有人负责，每件事都只能由一个人负责。第四步是分析工作责任承诺兑现的风险，工作有人负责并不等于这个人一定能够负责，这里面存在着其本人或组织配合、技术等方面的不确定性，没有风险防范的管理措施不能称为有效的管理措施。第五步是指定防范和控制这些风险的措施。完成了包含这五个步骤的统一过程，就得到了项目管理的办法。

这五个步骤可以随着项目生命周期迭代，但都是项目管理中做人原则和做事原则的组合，它适用于研发、投资、建造等各类项目。

14 项目商机来自阳谋

项目的商机从哪里来？好的项目商机应该来自阳谋而不是来自阴谋。很多时候人们将商业秘密看得很神秘，认为商业秘密决定着商业的成败，其实商业秘密没那么重要。企业发展要遵循价值规律，要适应一个时代的大趋势，这些大多是阳谋的作用，企业把握好了才行。阴谋可以搞定一份合同，但是企业的长期发展如果建立在阴谋之上，往往会得不偿失。

商机不是客观存在的，而是来自人们的主观判断，这就是《无常经》中说的"相由心生"。只有你眼中有机会，你才能发现商机。或者说，只要你眼中有机会，你就会发现商机。

客户需求不叫商机，客户有各种各样的需求，企业抓住商机并不是去满足所有的客户需求，商机其实是企业的内在矛盾和外在矛盾两者的结合。客户在找机会，因为他们有问题，企业也在找机会，因为企业也有问题，这两个机会对上了就是商机。

企业要把客户想得聪明一点，不要觉得企业能够蒙住客户。企业最常见的风险就是对外觉得比客户聪明、对内觉得比员工聪明，有这两个聪明之心，企业必然倒霉。阳谋的特点也在这里，就是企业要把客户想得聪明一点，客户对其自身的矛盾是了解的，因此客户对企业的价值也是了解的。企业把自己的价值做好就不需要别人的施舍，也不指望赚意外之财。亚当·斯密曾经说过这样一句话："我们的晚餐可不是来自屠夫、酿酒商和面包师的仁慈，而是来自他们对自身利益的关注。我们不求助于他们的博爱而求助于他们的自利心。我们谈论的绝不是我们自己的需求而是他们的好处。"他们的好处要与我们的好处形成共鸣，这样才能够形成商机。

之前谈到了企业的利润来自企业的盈利模式，但是并没谈需要根据什么指标判断企业的盈利模式是好还是不好。项目的商机也是项目的盈利模式，它与企业的盈利模式一样有以下三个判断标准（见图15）。

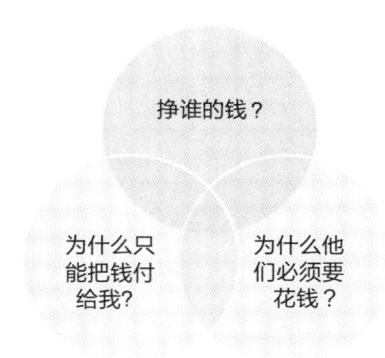

图15　盈利模式的三个判断标准

第一个标准是能否明确项目要赚谁的钱，这个人有没有钱？我们做生意、做项目是和一个个具体的人打交道而不是和抽象的企业、银行打交道。要想做成生意，心中需要有活生生的人。比如，养老产业，服务对象是老人，但老人可能没有钱，那赚谁的钱？赚的可能是他们子女的钱。明确要赚谁的钱很重要，打交道的对象不一样，所用的策略也就不一样。项目、企业是为谁提供价值的？这是我们首先要考虑清楚的问题。

第二个标准是弄清楚客户的主要矛盾是什么，该矛盾是不是已经到了非解决不可的地步。如果这个矛盾是在未来，那么眼下费了半天劲也没有用。矛盾的解决要看趋势的拐点，要看恰当的时机。在错误的时间干了一件正确的事情也是不正确的。不得不花钱是因为其主要矛盾到了不得不解决的时候。

第三个标准是能否找到让客户只能把钱付给我的理由？现在都在谈创新，对国家来讲，创新可能是社会的进步；对科学家来讲，创新可能是对人类的贡献；但对企业来讲，创新的一个很重要的标准是形成独特性。创新的关键在于具有独特的价值。

满足了这三个标准，也就达到了《孙子兵法》里面讲的那句话："故我欲战，敌虽高垒深沟，不得不与我战者，攻其所必救也。我不欲战，虽画地而守之，敌不得与我战者，乖其所之也。"商机就是来自这种"知己知彼，百战不殆"。了解了客户是谁，了解了客户需求背后的矛盾，了解了自身能够提供的解决矛盾的独特的价值后，企业就能坚定自己的信心了。

在信息渠道多元的时代，企业的商机太多，这就需要把握好"有所不为方有所为"的原则。在非洲大草原上，到了旱季，食草动物都走了，但狮子不迁徙。食草动物一走，狮子就失去了足够的食物，很多弱小的狮子就会被饿死。但狮子熬过旱季等到雨季再来的时候，食草动物就回来了。这时候狮子就会趴在草丛里，蹲在水塘边，看着羚羊、角马等食草动物喝水，瞄准自己的目标，慢慢地接近目标，等冲刺距离在允许范围之内时，一下子向目标扑过去。狮子扑过去的时候，所有的食草动物都到处乱窜，有的往这儿跑有的往那儿跑，有的甚至会惊慌失措地奔着狮子跑过来。有经验的狮子不会去抓那些离得很近的猎物，因为在拐弯的瞬间它的速度会降低而猎物就会跑掉。狮子会盯着原来盯住的目标，一直紧追不舍，否则很可能抓不到猎物。商机的发现和狮子捕捉猎物一样，要从利益相关方的主要矛盾来考虑，然后要有盯住目标不动摇的决心和信心。

当我们真正抓住了客户需求背后的矛盾并让客户意识到我们具有解决其矛盾的独特的价值时，商机就必然会被我们抓住。

15 由项目商机变成合同

商机是一种主观的判断,是把企业自己的需求和外界的需求,也就是企业的矛盾和客户的矛盾两者结合起来的交集。商机是否建立取决于我们能否回答清楚三个问题:第一个是企业想挣谁的钱?第二个是他们为什么不得不花钱,也就是客户的主要矛盾是什么?第三个是为什么这个钱只能付给这家企业,即企业的价值何在?企业的价值就是企业的核心竞争力,它们不是所谓的秘密武器,企业的核心竞争力是能够让社会公开了解并得到社会公认的东西。

仅靠在"桌子底下"做文章,这样搞阴谋的企业是很难有长久发展的。企业竞争要像下围棋、下象棋一样,棋子和规则都是放在明处的,即便这样竞争对手也没办法打赢,这就是"阳谋"。私下捣鬼有效但效果有限,企业在做项目时不要耍小聪明,世界上聪明的人很多,我们并不比别人聪明,明白这一点对做成项目而言是非常关键的。相对于市场和管理而言,技术秘密的影响程度会大一些,但如今也不是仅靠一个极少数人掌握的"秘方"就可以影响整个产品研制和产品生态的时代了,技术的竞争力更多地来自协作的能力、来自体系的能力、来自生产关系这个倍增器。

从主观判断上讲,商机有了,但如何才能把商机变成现实的合同、变成现实的市场项目呢?从机会到现实、从商机到合同还需要走过一些艰难的中间过程。

要想让商机变成合同,企业至少要问自己以下四个问题。

第一个问题是:这真的是一个机会吗?人的行为并不仅仅是由自己内在的动力就可以决定的,它与人所处的环境也有非常大的关系。比如,在五星级酒店吃饭时每个人都是衣冠楚楚的，所有行为都很文雅，但是吃完饭以后，哥儿几个说："咱们再去撸串吧？"到了烧烤摊，五分钟不到，大家的言行就跟在五星级酒店大不一样了。因此，环境会影响人们的行为，我们要想预测客户的行为，必须把客户放到客户所处的市场环境、社会环境甚至政治环境中，这样才能了解和预判客户的行为。

越是大的社会趋势，预见的可能性就越大；越是微小的、具体的事件，不确定性就越大，预测也就更难一些。推动客户发展的因素是什么？一方面要看客户所处的行业特征和趋势，通过大趋势所带来的引力就可以分析出客户的关键问题在哪里。只要客户是正常的人，只要客户是正常的企业，就一定会面临问题，也就一定会采取行动。这是阳谋，不可阻挡。另一方面客户要采取行动还需要根据某个触发点，也就是说客户需要一个催化剂。例如，对客户而言有没有一个最后的时间线？有没有对他们来说重要的象征性事件？有没有他们若干业务之间最佳的配合契机？当我们能够清楚地回答推动客户的发展因素是什么，客户的关键问题何在，客户的业务行动点在哪儿的时候，就能做到比客户还要了解客户了。

第二个问题是：我们能去利用和抓住这个机会吗？客户面临一个不得不解决的矛盾，客户一定要做这件事，但是客户的行动与我们企业有关系吗？客户做决策的标准是什么？企业做决策的流程经过哪些步骤，这些步骤企业能够从哪一块切进去？企业独特的价值在什么地方？现在，网络很畅通，各种产品、服务、价格都差不多，企业要有跟竞争对手相比独特的优势，才有竞争力。

要回答第二个问题，需要了解客户决策的程序、程序的环节和标准，并且找到企业自身在哪个环节、哪项标准上有独特优势，这些独特性就是垄断价值的基础。

第三个问题是：我们能赢吗？要回答这个问题就需要分析客户关系。人际关系的重要性是不能低估的，客户中谁希望我们赢？这些人有没有权力和影响力？这些人的政治联盟是什么样的？有没有非正规的流程在起作用？客户跟我们企业文化的契合度在哪儿？如果不能找到双方文化的契合度，将来在履行合同的过程中可能会产生纠纷。

15 由项目商机变成合同

第四个问题是：我们值得赢吗？我们不是为了签合同而签合同、为了做生意而做生意，签这些合同是为了达到我们的目的，这是我们去争取这些合同的根本动力。我们的价值期望不仅包括合同带来的短期利益和长期利益，也包括风险和机会损失等综合的利弊权衡。

只有这四个问题都回答清楚，我们才能够跟客户正面接触。这就是《孙子兵法》中所说的"胜兵先胜而后求战，败兵先战而后求胜""多算胜，少算不胜"。有枣没枣打一竿子试试的做法，只会暴露目标。用兵有三种策略：第一种是正面交锋，其结果常常是两败俱伤；第二种是奇袭，这种方式风险很大；第三种是伏兵，这种做法胜算最大。

一般说来，客户不是一个具体的人，客户是一个具体的群体。这个群体中每个人的立场和需求都要考虑到，他们中有的人能成事，有的人能败事，要特别提防那些会败事的人。把这四个问题都回答清楚了，能够针对一个个具体的人把他的需求分析清楚了，也能够把自己的独特价值搞清楚了，即达到了知己知彼的程度，商机才能变成合同。

16 客户为什么离我们而去

在商业竞争的过程中，客户为什么会离我们而去？浮现在大家脑海里的可能首先是因为价格或者质量的问题，但实际上调查显示，平均只有23%的客户是因为价格和质量问题而离开的。

在网络世界中，信息的透明度越来越高，人们可以在淘宝、京东上看到各种商家把商品的价格公布出来，如果一家商品的价格比另外一家同样商品的价格明显要高，那就卖不掉，质量明显差了也卖不掉。所以，信息透明促使了产品价格和质量的趋同性。

是什么原因造成了客户离开企业呢？68%的客户是因为对企业的感觉不怎么样。客户不都是专家，在选择商品的时候处于"有限理性"状态。去过卢浮宫的人都知道卢浮宫有个镇宫之宝：达·芬奇的《蒙娜丽莎》。博物馆为这幅画专门准备了一个半开放的画室。蒙娜丽莎的画像被镶在玻璃框里，前面有一条绳子拦着不让人过于接近。围观的、拍照的游客人山人海，以至于边上还有一个"小心扒手"的指示牌。在《蒙娜丽莎》展览室的外面有一个画廊，这个画廊里也挂满了很多名画。其中有一幅肖像画：《无名女士》，很少有游客关注这幅画，但实际上它也是达·芬奇画的。《蒙娜丽莎》的创作时间是1503—1506年，而这幅《无名女士》的创作时间是1490—1495年。同一个画家画的两幅画，一幅的观众人山人海，另一幅的观众则门可罗雀。这说明什么？我不相信那些拿着照相机拍摄《蒙娜丽莎》的人都是懂艺术的，这说明客户不完全都是专家。

客户的需求有三类等级，第一类是"必需的"。比如，买微波炉，微波炉必须能加热，微波不能泄漏。第二类是"想要的"。例如，商家能不能给客户送货？第三类是"多多益善的"，就是没想到买微波炉的时候还能送餐具。很多人都因为这些赠品而买了不必要的商品，客户购买这些商品的时候不完全是理性的。大家知道，满足需求的方式，也是需求。对客户来讲，他们通常并不特别关心专业性的技术问题，他们也不懂，他们是根据自己的有限理性来做决策的。

现在很多企业在谈精细化管理。不少企业将精细化管理变成了内卷式的形式主义或精打细算的降低成本。降低成本会上瘾，容易演变成和客户或和员工比小聪明。精细化管理的关键不在于降低成本而是增加客户体验的满足感。当年，某品牌的空调维修人员进入客户家里的时候会穿上鞋套，在给墙体打钻的时候打下来的灰都要用塑料袋给兜着，走的时候会把地板擦干净。操作完成后让客户填写服务满意不满意，岂止是满意？简直就是感动！客户出门的时候碰到邻居张大妈，说张大妈你们家买空调了吗？要是买空调的话一定要买某品牌的，此品牌的服务可好了。坏了一次让你感动好几回，而且还跟很多人说了。如果不坏呢？其实不坏很难，产品质量上升到一定程度再想提高一点点也要花很多的代价。这就是精细化管理，局部的成本提高了，但客户的体验更好，将来的市场成本更低。因此，精细化管理的重点不在于控制成本，控制成本会上瘾，这种瘾会把很多企业搞垮。实际上，精细化管理最重要的目的在于增加客户体验的满足感。

客户为什么离我们而去？客户在某些方面并不懂，但是在某些方面要求又特别高。在当今网络时代的背景下，有限理性就要求企业必须把质量和价格做好，这是个底线，同时要尽量给客户增加好的体验，这才能够把客户留住。

17 可行性研究不能先射箭后画靶子

项目的可行性研究不能够先射箭后画靶子。在现实过程中有很多项目的可行性研究成了"可批性研究"，可行性研究不是分析项目可行与否，而是分析能否获得批准。这是"目的就是结论"的态度，而不是科学的态度。只要是做可行性研究，结论就一定是可行的，这是为可行而做的研究。

西方有个说法：世界上有三种谎言，一种叫作谎言，另一种叫作可耻的谎言，还有一种叫作统计数字。有一次我询问一个从地方来参加自来水听证会的人员：为什么每次听证会开完以后结果都是自来水涨价？他告诉我说：原因很简单，就提供了三个方案给大家选，第一个涨价0.8元/吨，第二个涨价0.5元/吨，第三个涨价0.3元/吨。里面就没有不涨价的选项。所以，统计数据会说谎。

当年克莱斯勒要推出一个新款车，设计了两种车型，一种是A车型，另一种是B车型。在潜在的客户中做调查，满分是10分，结果A车型的平均得分是7分，B车型的平均得分是6分。那么应该推出哪一款车呢？克莱斯勒做了进一步调查，发现平均分为7分的分布情况是潜在客户打出了6分、7分、8分、5分、7分、9分等，这些分数加起来平均一下得到7分。而平均分为6分的情况则不同，潜在客户的选择要么是9分、10分，要么是1分、2分。克莱斯勒选择了平均分为6分的车型，因为这个车型是卖给那些特别喜欢这种车型的人，将来的市场成本会少得多，事实证明它的选择是正确的。

世界并不是客观的，它是人们心中主观世界的反应，这就是"相由心生"，也是"我思故我在"的原因。如果你希望这个项目可行，你看到的就都是与可行

17 可行性研究不能先射箭后画靶子

性有关的证据；如果你不想让它可行，你看到的就都是与不可行相关的证据。

管理并没有绝对的好坏，如果一项决策在各方面都比另外一项决策好，那就不存在筛选的问题了。决策总是有些好有些差，或者说能够舍弃一些好的才能得到我们真正看中的。

有个爸爸在家工作时他的孩子总是在旁边捣乱。这个爸爸就给了孩子一盒拼图，说你去把这个图拼起来吧。他以为这样能够安静一会儿，小孩拼完图形总要花点时间。但小孩很快就拼完回来了。他的爸爸感到很惊讶：怎么这么快就拼完了？孩子说，其实这个拼图的背后是一个人像，我看着背后的人像反过来拼，拼完以后再倒过来就可以了。一个事物看其正面很难的时候，可以反过来看看，有可能会更容易。当我们做可行性研究很难做到客观全面的时候，可以反过来看看项目为什么会失败，可以做风险分析，将事物的正反面结合起来看可能更有帮助。

项目为什么会失败呢？一项调查结果显示，因为目标问题造成项目失败占到项目失败原因的21%。项目的价值是满足相关方的需求，如果有些相关方的需求没有被考虑进目标，这些相关方就很难主动合作，容易导致项目失败，这种原因占到项目失败原因的20%。我们再一次强调，要特别注意不要忽视一些小人物的需求。因为人的能力和态度等造成的因素占项目失败原因的11%，这也不是个小数字。现在大家普遍重视技术经济分析，那么技术原因占了多大比例呢？调查结果显示，技术原因平均只占项目失败原因的4%，这个比例比我们想象中的低很多。其实对于这个结果也容易理解，对一个企业来讲，在做项目的时候并没有多少是真正原创的技术，也就是我们常说的"研发"。对企业来讲大多是开发，是工程实现问题，而不是不确定性强的原创问题。组织和管理方面所占比例最高，其中组织问题占到33%，而管理问题占到15%。如果再加上人方面的因素就有59%，占了一大半的原因。项目失败的基本原因及其统计比例如图16所示。

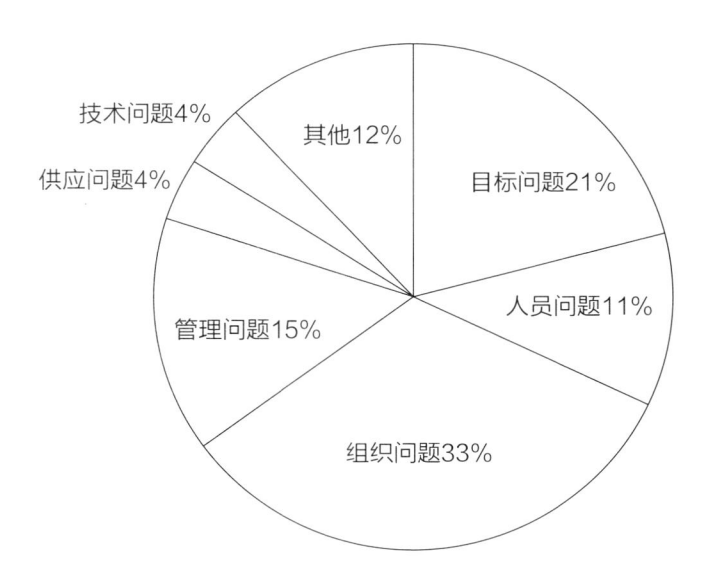

图16 项目失败的基本原因及其统计比例

（饼图数据：目标问题21%、人员问题11%、组织问题33%、管理问题15%、供应问题4%、技术问题4%、其他12%）

因此，项目可行性主要是什么方面的可行性？在传统做法上，可行性研究的重点是技术可行性和经济可行性，但是大家在做可行性研究的时候，千万不要忘掉管理的可行性。

柳传志曾经说过联想有"三不投"：第一个是不赚钱的项目不投，第二个是赚钱但投不起钱的项目不投（这两个都是经济分析），第三个是赚钱也投得了钱但没人能管得了的项目不投。他认为人很重要。人确实很重要，但更进一步看的话应该是组织问题更重要，生产力和生产管理缺一不可。

企业在用人过程中，要用人的优点而不要试图去改变他的缺点。企业需要管理的是人的行为。人的行为会随着环境的变化而变化，因此企业要营造一个环境来限定人的缺点并发挥他的优点。所谓的把人放在合适的位置上就是把他放在适合其优点发生的位置上，使其缺点没有机会释放。企业不要试图把一个人培养成一个完美的人，这不是企业的责任，更不是项目的责任。

可行的背后是风险，要识别风险千万别忘了假设，风险经常来自我们不自觉的假设。例如，在估算工期的时候，我们容易认为这段时间内项目团队成员不干别的事情，会一直保持100%的工作效率。实际上，人们到办公室以后要擦桌子、要烧水泡茶、要先刷屏和回邮件，工作效率可能还不到50%。

要做好项目的可行性研究，最好找两拨人。让这两拨人背靠背，不要让他们知道对方的存在，一拨人做可行性研究，另一拨人做风险研究，然后把报告综合起来，这才是有效的可行性研究。因为做可行性研究的人会筛选那些有利于得出可行结论的信息，而做风险研究的人又会关注那些产生风险的信息，两者综合起来恰恰比较客观。

总之，在项目可行性研究中，技术、经济的可行性分析很重要，但别忘了管理的可行性。问题的背后是风险、风险的背后是矛盾，抓住矛盾才能使管理走在问题的前面。

18 发现项目时机的症候

本章节的话题是发现项目时机的症候，也就是说项目需要在什么样的时机来启动。在错误的时间干了一件正确的事情，其结果也会很糟糕，很多人都犯过这样的错误。《孙子兵法》上说："激水之疾，至于漂石者，势也；鸷鸟之疾，至于毁折者，节也。"什么意思呢？就是说看起来没有力量的水为什么能够把石头给冲掉？原因在于势差。鹰在草原上飞，为什么能够一下子把奔跑的兔子给抓住？原因在于鹰节奏把握得好。《孙子兵法》里还有一句话："势如彍弩，节如发机。"意思是：态势就像拉开的弓一样，节奏就像瞬间扣动扳机。这些都是能够做成项目的关键因素。

春秋时期越王勾践有一个部下叫范蠡，他帮助勾践打败了吴王夫差，这是著名的卧薪尝胆的故事。《史记》中记载范蠡说了这样一句话："天予弗取，反受其咎；时至不行，反受其殃。"说的就是要顺应时代的趋势，不要逆着来。时机到了就要去做，时机不到做了反而会出现问题。项目就是如此，做早了不行，做晚了也不行。

亨利·福特是美国福特汽车公司的老板，他写的《大管理》一书中有句话："一个追求上市的企业会丧失企业家精神。"为什么呢？因为一个企业追求上市以后，老板在做决策时会受股价波动的影响，就不能够完全按照自己的理想和节奏来创新了。华为的任正非说："华为是几十年来沿着一个城墙口在冲锋。"这话是对的，但也是有前提条件的，因为华为没有上市。如果华为上市了，资本就会影响甚至左右华为的科技路线，华为的主攻防线和技术、产品节奏就很难由华为来掌控了。

时机的把握确实很重要。抓对了时机，抓好了节奏，项目就容易办成，容易事半功倍，错过了时机就比较麻烦。

项目启动的时机主要有以下几种（见图17）。

图17 项目机会密集出现的时机

第一种时机是重大事件或重大政策的发生。之前讲过企业利润最大的空间来自政治和政策，而政治事件如政治会议、领导人巡视和讲话等往往代表国家政策的动向。企业家特别需要关注重大的政治会议，尽早感知政治和政策的变化。现在很多人在网上看新闻，在微信看新闻，在今日头条看新闻，看自媒体的多了，看新闻联播的少了，其实看新闻联播依然是非常重要的，因为不懂政治、不了解政治，想把企业做强做大、想做好战略性项目是不可能的。改革开放四十多年来，民营企业成长的最关键因素是什么？还是政策红利，这就是管子说的"大者时也，小者计也""智者善谋，不如当时"。

第二种时机是领导更替。这里的"领导"包括竞争对手、大型企业的负责人的更替。俗话说"新官上任三把火"，这些领导变更后一定要出业绩，业绩就是机会，业绩的节奏就是项目的节奏，甚至这些人的年龄也隐含了项目节奏。

第三种时机就是新技术的出现。5G技术会带来广泛的市场，石墨烯会带来新能源的变化，鸿蒙系统的面世也会带来新应用场景的机会。新技术的出现会有配套的产业变革，会给人们的生活方式带来变革，也会带来很多项目机会。

第四种时机就是重大活动的举办，如举办奥运会、全运会、各种博览会等。举办这类重大活动一方面可促进地方品牌声誉的提升，另一方面可促进一些民生性、基础性项目的落地。通过举办重大活动，容易把财政和社会资源集中起来解决一些问题。

当然，利用大数据也可以分析出社会变化趋势的一些拐点，这些拐点也是大量项目机会涌现的时机。比如，人口老龄化到了一定程度以后，就有大量的与养老相关的项目要启动；独生子女政策实施到一定程度以后，人口红利将出现拐点，二胎三胎就会放开，自然就有养育的项目要启动。

以上是企业对外的项目。企业内部的项目也需要注意启动时机。《三国演义》中诸葛亮有很多锦囊妙计，难怪鲁迅先生都认为"状诸葛之多智而近妖"。其实诸葛亮背后一定有一支强大的情报部队，他只是不能说情报来源。华裔日本作家陈舜臣的《诸葛孔明》一书中对诸葛亮的情报来源做了大量的推测。对外部项目机会的把握建立在对情报掌握的程度上，企业内部的项目启动时机则是看流程。

企业内部项目并不是指产品研发，产品研发本质上是外向型的，还是一种市场项目。企业内部的项目主要是完善和改变内部的生产关系，主要是管理类项目。这类项目开展之前需要先把企业内部的流程描述出来。有了流程我们就会知道每一步的改革会引发企业哪些部门的互联互动，就知道"牵一发而动全身"是如何发生的，也就知道了改革的效果会产生多少时间延迟。企业必须要有整体的思维，有了流程才能看到局部的政策会产生什么样的影响。业务流程图就是企业内部改革的作战地图，借助它们才能看到企业变革的全貌。

时间是大自然的一个魔法师，也是大自然赋予管理者的筹码或调节变量：人们愿意为了速度花钱，响应速度快了对企业计划预测能力的要求就降低了，时间压力会增加团队绩效。有效的管理者总是善于用时间这个筹码去交换各式各样的东西，卓越的管理者更是会将时间作为调节变量将其魔幻效应发挥得淋漓尽致，对他们来说，敏捷、小规模定制、资金成本等概念背后都有时间这个调节变量，改变了这个调节变量就会改变整个系统。不会运用时间这个调节变量和筹码的管理者，其管理有效性会大打折扣，更称不上是战略高手。

对于项目经理来说，工期向来是被当作主线对待的，似乎一切都是在质量、费用的约束条件下保障工期的，其实项目经理也可以用与项目相关方的利益有关的工期节奏来作为与他们谈判和交换的筹码。当管理者实在无计可施时，千万不要忘了时间这个筹码；当管理者踌躇满志时，也不要忘了时间这个变量。

19 迎接项目的诞生

一谈到项目管理，大家理所当然地认为项目经理是个核心人物，但实际上项目经理经常成为项目失败的"替罪羊"，因为他们承担的有可能是有先天疾病的项目。

项目可以被看成我们和客户联合创办的临时性企业。那么这个临时性的企业也有它的盈利模式。当盈利模式不对的时候，管理者再努力也没用。更何况项目经理是特别弱势的管理者，他们是临时性的，在稳定的部门经理那儿他们没有属于自己的资源和权力。他们需要与多个知识领域的人合作，这些领域常常在其知识范围之外，因此他们也缺少权威。企业不会把资源给一个临时性的项目经理，他们的激励手段也有限，所以项目经理很难做人。

一个管理专家要到一个企业去，提前向一个熟人咨询："这个企业怎么样？"那人说："企业怎么样不能告诉你，你自己去看吧。"他说："我怎么看？"那人说："每个星期一这个企业都要开例会，你去开次例会就知道了。"结果他去了一趟，果真发现了很多问题。大家可以构想一下这个企业每个星期一的例会场景。9点钟开例会，8:50—8:55大家才陆陆续续到会议室，每个人手里都拿个本子，到会议室之后大家坐下来聊天，然后老板进来了，大家鸦雀无声。老板开始讲话，讲不到五分钟火就上来了，对着一个人开骂。老板一骂就刹不住，又开始骂其他人。这时大家就把本子拿出来，并不是在记录而是在练字。老板一看，大家虽然活干得不怎么样但态度还不错，火也发完了就说散会！大家夹着本子一边往外走一边说："今天中午到哪儿吃饭去？"

教科书中经常鼓励上司要对下属授权，实践中下属碰到不合理的情况时会采用一种方法来保护自己，这种方法叫"逆向授权"，也就是不要权，明明白白规定给他们的权力也不要，而是凡事都请示上司。为什么呢？权力的背后就是责任、就是风险。下属不要权力，做什么事都请示，在事情干砸以后，领导责问时可以说："李总，我上次不是请示过您，您说可以这样做的吗？""我说过吗？""您那天在走廊就是这么说的。""哦，那以后不能这样啊。"你看，这事就过去了，所以下属也很聪明。为了避免这个情况就需要明白项目并不都是由项目经理负责的，而是在不同的阶段该谁负责谁就负责。

项目一开始需要用合同的方式界定各利益相关方之间的责任与权益关系。合同该怎么签订？通常的做法是："根据《中华人民共和国民法典》合同编，甲、乙双方经过协商就以下内容达成协定……未尽事宜由双方协商解决。"结果在合同兑现过程中大家都把宝压在"双方协商解决"上。

在签订合同时，甲方有需求、有责任，乙方也有需求、有责任，甲方的任何需求都要在乙方的责任里找到对应项。否则，甲方的需求就意味着没有人来负责。同样，乙方的每一项需求也必须要在甲方的责任中找到对应项。这两个方面明确了就意味着需求有了着落，但有人承诺承担责任了并不代表这些承诺能够兑现，所以一定要分析每一项承诺的责任背后存在的风险。之前我们强调过"把坏人留给制度，把好人留给自己"，只有当有制度在替我们做坏人时，我们才有资格做好人。因此要对这些承诺进行风险分析，再制定规则来控制这些风险。当这些风险都能够控制住时，合同中的责任、承诺才能够兑现，需求和权益也才能被满足。因此，在明确项目合同的过程中，不能只是明确双方的需求和责任，它至少要明确四个方面，即需求、责任、风险和规则。

需求（Requirement）、责任（Responsibility）、风险（Risk）和规则（Regulation），这里面包含四个以英文字母R开头的单词，所以这个确定合同的模型又可以称为4R模型。明确了这四个R才有了基本的合同，才可以启动一个项目（见图18）。

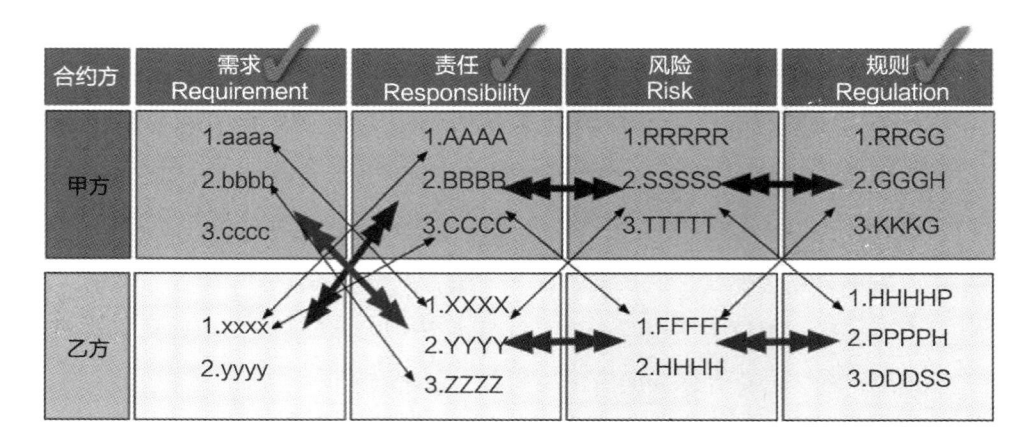

合约方	需求 Requirement	责任 Responsibility	风险 Risk	规则 Regulation
甲方	1.aaaa 2.bbbb 3.cccc	1.AAAA 2.BBBB 3.CCCC	1.RRRRR 2.SSSSS 3.TTTTT	1.RRGG 2.GGGH 3.KKKG
乙方	1.xxxx 2.yyyy	1.XXXX 2.YYYY 3.ZZZZ	1.FFFFF 2.HHHH	1.HHHHP 2.PPPPH 3.DDDSS

图18 合同中几种要素的映射关系

在制定合同游戏规则时，应该采用"你先切蛋糕我来挑"的办法。只有做到了"谁先违反规则，谁就先吃亏"，这样制定的规则才是好规则，但现实中经常是"谁先违反规则，谁先沾光"，这就比较麻烦。在合同的执行过程中还要加强信息的披露和监督，不要等着"惊喜"的发生，管理的词典中不要有"惊喜"二字，惊喜的结果十有八九都是惊讶甚至是惊吓。

明确了这样的合同后才可以启动项目，才可以召开项目启动会。项目启动会需要把项目的目的、目标、完成项目的游戏规则、项目各方面承担的责任、项目的风险管控措施等都说清楚，也就是做到"慢慢启动，快速行动"。

谁应该来参加项目启动会呢？项目的发起人肯定是要参加的。如果项目发起人等企业高层不参加项目启动会，不明确项目的基本参数和游戏规则，在项目实施过程中他们就会不断地被拽回到项目上来接受请示汇报。企业高管的收入之所以比一般员工高，不仅仅是因为他们冒的风险大，很大原因是他们的时间价值高。如果项目启动会开不好，他们就会把时间放在后续很多琐碎的项目工作上去，他们的时间价值实际上就降低了。

开好项目启动会才是项目的开始。有些项目是从刚开始时就带着问题的，项目经理则是负责项目后天生长的，先天的毛病后天再怎么管也很难取得理想效果。防治项目先天毛病的不是项目管理而是项目治理。项目治理是要建立有效的、可管理的项目环境，项目经理在这个环境下实现项目的价值目标。项目经理只对项目的管理过程负责，而不对项目的治理过程负责，他们也负不起这个责。

治理和管理的区别何在？在项目经理权利范围之外的必要的管理规则、管理环境、管理条件对项目经理来说都属于项目治理的范畴；在项目经理权利范围之内的都属于项目管理的范畴。如果企业的总经理兼任项目经理，则大部分都是项目管理的问题；如果指定一个普通员工做项目经理，则大部分都是项目治理的问题。

项目治理包括四个基本要素：第一个是确定项目目标并让利益相关方就这些目标达成共识；第二个是确定实现目标的策略；第三个是在项目实施过程中执行监督和信息披露；第四个是对项目经理实施激励和奖罚。有了良好的项目治理才能解决项目的先天问题，项目也才能正式诞生。

第3篇

洞悉本质和要素关系

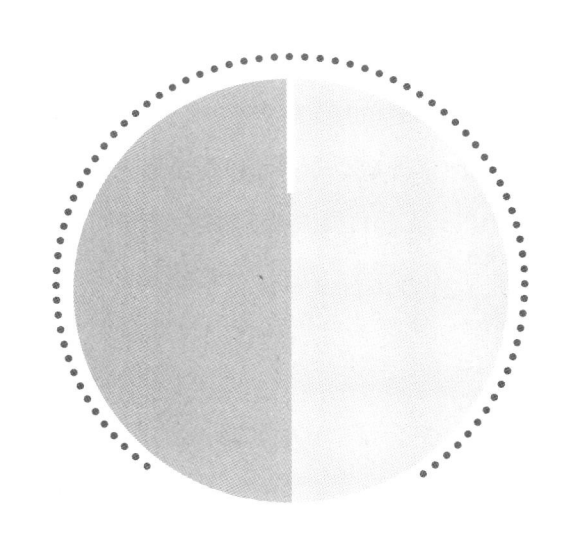

20 项目管理的价值定位

每个企业甚至每个项目都包括阴阳对立的两个方面：一个是盈利模式，另一个是管理机制。盈利模式为企业带来钱，换句话说企业的利润空间是由盈利模式决定的。管理机制是服务于盈利模式的。很多企业存在一个糟糕的现象，就是管理机制远远走在盈利模式的前面。一些企业在对市场、对客户没有能力贡献价值的时候，反而拼命在自己的员工身上使劲，还美其名曰"管理出效益"，这是缘木求鱼，效果适得其反。企业很可能不仅不能扭亏为盈反而还会加速死亡。

当企业赚钱的时候要抓管理，当企业不赚钱的时候，抓管理会让企业"死"得更惨，应该赶紧改变盈利模式。"前途是光明的，道路是曲折的"，只有在前途是光明的情况下道路才有可能是曲折的，否则一曲折或拐弯的时候就会发现人跑了。盈利模式决定了企业或者项目成长的利益空间，那么管理的价值在什么地方呢？

管理的价值定位有两个方面，一个是提高效率，另一个是控制风险。管理机制好不好、管理制度有没有存在的必要，要看有了这个机制会不会比没有它做得更快、成本更低，有了这个制度会不会比没有它更可靠、更安全。

提高效率和控制风险是管理的价值，能赚钱是盈利模式的价值。这两者配合得好时企业就会成长得好，配合得不好时企业就会出问题，项目同样如此，甚至国家也同样。很多人都在研究秦始皇统一六国建立秦朝后，为什么在短短十四年间这么强大的国家会迅速灭亡，历史学家有历史学家的看法，文学家有文学家的看法，但从管理的角度看原因可能更简单。秦孝公时期，秦国的"盈利模式"

（对国家来说就是发展战略）是战争取胜和战争扩张，而当时的管理机制是王道，是基于周朝的基本制度，可见管理机制不能与"盈利模式"匹配。商鞅变法就是改变了管理机制，采用奖励耕战等办法使管理机制适应战争扩张的"盈利模式"，国家迅速发展壮大了。等秦始皇统一六国以后，国家的"盈利模式"需要发生变化了，因为没有战争，需要转向内部建设了，但国家的管理机制仍然是面向战争的，管理机制把"盈利模式"中隐含的风险快速"引爆"了。

提高效率、控制风险的核心在于用人。英国管理专家诺斯克特·帕金森在其《帕金森管理经典》的第一页中就说道："请千万不要认为人与人之间的关系只是管理学中的一个章节，不是这样，管理学谈的全部内容就是人与人之间的关系。"对项目来讲，项目相关方是动态的，他们是根据项目任务动态整合起来的。如何才能建立动态的人与人之间的关系，提高工作的效率和控制项目的风险是项目管理的关键所在。

在用人时我们经常强调要"德才兼备"，但曹操认为"进取之士，未必能有行，有行之士，未必能进取"，意思就是能干成事的人不见得品德好，品德好的人不见得能干成事。品德好坏是根据价值观而言的，同一个人用不同的价值观看待可能会得出不同的结论。

魏无知将陈平推荐给刘邦，刘邦重用了陈平。刘邦手下的大将周勃、灌婴等人到刘邦那儿去说陈平的坏话，说陈平人品太差了，这样的人千万不能重用。刘邦把魏无知叫过来责怪说，你怎么给我推荐了这么一个人呢？魏无知说，"我推荐陈平是因为陈平有能力，别人说陈平的坏话是说他的品德不行，这是两回事。你现在和项羽打仗，即使有人很讲诚信、人品很好但对你打胜仗没什么用，你会重用他们吗？"刘邦听了魏无知的话后依然重用了陈平。有一次在河南荥阳打仗，项羽把刘邦围得水泄不通。刘邦就问陈平天下将来会怎么样。陈平回答说，"项羽这个人做事讲究礼节爱憎分明，因此那些奉公守法、廉洁好礼的人都投奔他。但他有个问题，舍不得论功行赏，因此也有很多人不投奔他。大王你傲慢无礼，那些廉洁奉公讲究礼节的人不来，但是你出手大方，那些'顽钝嗜利无耻者'大多归顺于你"（语出《史记·陈丞相世家》）。谁能打下江山呢？这要看打仗的时候是廉洁奉公的人能解决主要矛盾,还是"顽钝嗜利无耻者"能解决主要矛盾了。面临的主要矛盾不一样,依赖的人才也不一样。

当年齐桓公想重用宁戚时,手下人建议应该先对宁戚做一些背景调查,如果真是贤人再重用不晚。桓公曰:"不然,问之,恐有小恶,以其小恶弃人之大美,此人主所以失天下之士也。且人固难全,权用其长者。"遂举,大用之,而授之以为卿。当此举也,桓公得之矣,所以霸也(见汉朝刘向所著的《新序》一书)。要实现提高效率、控制风险这些管理的价值,不是依靠完美的、德才兼备的人,而是要靠用人所长避人所短的管理机制。机制对了,人就靠得住,机制不对,人就靠不住。所以《孙子兵法》中说,"善战者,求之于势,不责于人",也就是泰勒在《科学管理原理》中说的"弥补低效能的办法在于系统的管理,而不在于收罗某些独特的或非凡的人"。

管理的真正价值不是去创造效益,而是提高工作效率和降低风险。用动态的人按照正确的、有效的机制和方法把正确的事情做正确,这就是项目管理的基本价值。

21 人性不可悖

管理的价值在于提高效率和控制风险，项目管理就是建立一种有效的关联关系来整合动态的人员以提高他们协同工作的效率和控制他们完成新项目这一任务的风险。对管理者来说，人并不以好坏来区分，而是看他们是不是适合工作角色，要看管理者能不能用有效的方法把不同的人有效地利用起来。有效的管理方法来自对人性的理解。本章节的话题叫"人性不可悖"，其含义是管理者要理解人性、用好人性，但是尽量不要试图去改造人性。

所以，人性究竟是什么？是性恶还是性善？善恶是具有文化属性的，是建立在社会的价值观之上的。人之初并不具备文化属性，哪有善恶之分呢？不同的价值观对善恶的判断标准不一样，就像中西方对人权的根本理解不一样。尽管我们认为价值观很重要，也有"物以类聚，人以群分"一说，但从管理角度看，想把人的思想统一到一个价值观上来是很困难的，尤其是和不同的文化背景、知识背景的人一同工作的项目，统一人们的价值观更是既不现实也不必要。

项目管理的重点是让大家协同工作，统一的价值观并非完全必要，甚至会对创新起到反作用，项目管理要做到"和而不同"，要找到协同工作的方法而不是找到统一价值观的方法。

人也是一种动物，动物的本能属性在人性中依然存在，甚至可以说占了很重要的比例，这一点我们不能忽视。人性中其实是有动物的本能属性和作为人这个特殊物种的文化属性两个方面的（见图19），在谈管理时，我们经常太强调文化属性而忘掉了动物的本能。动物的本能是趋利避害。人区别于其他动物的文化属性在于教育，在于道德观、价值观。"君子喻于义，小人喻于利"，不同的人对利害关系的认识不一样，对利害的追求不一样，对趋利避害的方式方法的选择标准也不一样。简单来说，"晓以利害，给予尊严"是管理策略的基本依据。

图19　人性的两种属性

刘邦曾说他之所以能够夺得天下是因为用好了三个人：运筹帷幄、决胜千里方面的事情在于用好了张良；带兵打仗，攻必克、战必胜在于用好了韩信；安抚百姓、整顿行政和提供后勤资源在于用好了萧何。那么，这三个人是怎么被刘邦所用的？张良是韩国贵族的后代，他家几代都是做高官的。对这样的一个知识分子，高官厚禄没什么诱惑力。张良还是个有理想的青年。秦始皇出巡的时候，张良在博浪沙雇了杀手去刺杀秦始皇。他为什么忠心耿耿投奔刘邦？张良曾经说汉王的聪明是天生的，我跟很多人谈我的想法他们都不能理解，但是我跟汉王谈，我说不到一半他就完全明白了。因此，张良看中的是什么？是知音。刘邦在取得江山以后把张良尊为帝王师，给的爵位俸禄并不高，因为对知音重要的不是金钱厚禄。

韩信年轻时到洗衣服的人家蹭饭吃，他曾对洗衣服的女人说将来我发达后会报答你的，结果这个女人说你该吃啥吃啥但别说这些废话。村里人欺负他，让他从胯下爬过去，说他胆小，所以韩信受过"胯下之辱"。后来韩信势力大到投奔刘邦则刘邦胜、投奔项羽则项羽胜的程度。韩信的谋士蒯通问他，为什么你不自立为王呢？韩信说，汉王对我多好呀，我饿了他把他的饭给我吃，我冷了他把他的衣服给我穿，我怎么能背叛他？韩信缺的是什么呢？是尊重、是荣誉，而刘邦给了他这些。

21 人性不可悖

萧何原来是县里的公务员，通晓法律的他谨小慎微、严谨认真。谨小慎微、严谨认真的背后就是胆小，因此在造反的时候，大家说谁去杀掉县令就当带头大哥，别人都不敢动，萧何更不敢动，结果刘邦一刀杀掉县令。因此，萧何缺的是胆识，而刘邦有胆识。

所以，有效的管理办法是针对不同人的特点、不同人的需求并采取不同的策略来满足他们。并没有什么绝对好的管理办法和绝对坏的管理办法，就是两个字，叫"恰好"。

"恰好"其实就是和谐，和谐是管理的最高境界，有点类似于佛家的"空"。美国大学生麦克·罗奇喜欢上了藏传佛教，他到西藏、印度等地去修佛，通过辩经达到"格西"（相当于佛学博士）等级后问他的师父怎么才能进一步修行呢？他师父说，那你去经商吧。

于是他就回到美国去做生意，后来成为安鼎国际钻石公司的创始人之一。该公司以五万美元的资金起家，至今每年的销售额超过一亿美元。麦克每天出入商业场合但内心仍然是一个和尚。他没有考过MBA，就靠一本《金刚经》成了世界上最大的钻石商之一，也成为当今传授藏传佛教的伟大导师之一，他写了一本自传叫《当和尚遇到钻石》。最高级的钻石从任何角度看都是透明的、是空的，但是它是世界上目前发现的最硬的东西。钻石又叫金刚石，这就是金刚的本质。金刚无坚不摧，但其看起来是通透的、不存在的、"空"的。和谐是管理的硬道理，《道德经》中同样有对此等级的描述，即"太上，不知有之；其次，亲而誉之；其次，畏之；其次，侮之。信不足焉，有不信焉。悠兮其贵言。功成事遂，百姓皆谓我自然"，说的也是这个意思。

因此，针对人性的特点，用恰当的办法去适应人性的特点，根据各人的特点因势利导才是管理的最好方法。管理在于用好人性，而不是试图去改变人性。

22 项目经理是创业者

项目经理是项目管理的灵魂性人物，这是不言而喻的。现在有很多评价和选择项目经理的标准，比如，美国项目管理学会（PMI）的项目管理人才三角模型、国际项目管理协会（IPMA）的项目经理的能力基准等。但是，具备了这些知识和能力能不能让我们成为真正胜任的项目经理呢？我看未必。

项目经理在某种程度上应该像创业者一样，或者说他们是有限度的创业者。项目并不是一个定义完整清晰的任务。在乌卡时代，项目的边界、项目的不确定性越来越多，仅靠满足客户需求、满足合同中定义清晰的任务是不现实的。项目是甲、乙双方在一起，彼此交融，角色互动，产生创新性的成果。虽然项目经理面临的是一个临时性项目，但是项目经理不能有临时性的心态。因为项目虽然是临时的，但承担项目的企业是长期的，获得项目成果的客户也是长期的。从短期的角度来看待一个项目很难贡献长期的价值，不论是对企业还是对客户甚至对项目经理本人来说都是如此。项目成功已经不能局限于传统的按工期、质量标准和费用要求进行交付了。尽管我们谈到项目需要让相关方满意，但谁是项目的相关方呢？仅仅按时间、费用要求和质量标准交付了成果，他们就会满意吗？

实际上企业做项目是为了长期的发展，企业的客户做项目也是为了长期的发展。项目经理需要持有长期发展的心态和长期贡献价值的理念才行。项目经理是管理者，但是他们和职业经理不一样。职业经理大部分的职责是执行，项目经理大部分的职责是创新，因为创新及其带来的不确定性、没有固定充足的资源保障是项目的固有属性。项目经理既要为长远考虑，又要考虑临时性的目标；既要承担创新责任，又没有足够的权力和稳定的资源。

什么是一个好的创业者，创业者应该按照什么样的方式来开展工作？创业者要有创业精神，也就是有一个贡献独特价值的愿景。创业者内心的价值驱动是创业能否坚持下来的非常重要的原因，而且这样的愿景不仅是项目经理个人的愿景，他还要能够去感召客户，要能够得到客户和相关方的认可。当客户很难明确定义自身需求时，项目经理不能够按照客户的需求被动地去执行，而是要跟客户一起去探索。明确项目成果的近期价值以及洞察项目成果的长远价值，和客户形成共同的愿景是至关重要的，这是卓越的项目经理，特别是战略项目经理能否胜任的最重要的标准。有了项目的价值愿景以后，怎么才能够吸引志同道合的人一起干？怎么才能发现人才、整合人才和激发人才？项目经理需要具备这样的胸怀和能力。与创业者一样，项目经理也没有传统意义上的部下，至少没有稳定的部下。项目经理并不完全像传统管理者一样只注重提高效率和控制风险就可以了，他还必须具备领导特质。

启动一个项目有三个很重要的条件：要有客户的认可、要有资源供给、要有实现项目的人才。在这些基础上，我们就能够发起项目。对创业者来讲，第一个项目就是第一桶金。每个人都有自己的舒适区，这些舒适区来自自己过去成功的经验、熟悉的环境、奉承自己的人群等。越是成功的人舒适区越大，走出舒适区越难。然而，环境在不断变换，刚性的舒适区的边界难以适应环境的变化，在舒适区中的时间越长，走出舒适区也就越不容易。人的精神和肉体的健康是可以互动的。有活力的精神会带来有活力的机体，有活力的机体反过来也会带来有活力的精神。激发活力、让人走出舒适区的第一步很难，经常需要外力的推动，就像沙漠中的一些深井，需要先倒进去一桶水才能将水打出来。管理者特别是领导者要做的就是准备第一桶水，也就是第一个成功的项目，换句话说，正是有了第一桶水才有资格做领导者。

每一个项目完成以后都要树立品牌。有了成功项目以后就需要有成功的故事可讲。所以创业者一定要善于从第一桶金中整理项目，乃至管理他个人的品牌，品牌会提高客户认可度、增强外界的信心，这样有利于赢得更多的新合同和新资源。

项目完成以后，要把这个项目中有效的知识资产总结和提炼出来。创业者需要注重事业的可持续发展，不能像狗熊掰棒子一样"抓住一个，丢了一个"，不能用游击战甚至流匪的方式去管理项目。这些知识也有利于迅速整合人才和发挥人才效用。

当然，项目成果完成的常见基础条件是赚到钱，要有收益。人才不会凭空为你而来，他们也要满足自己的需要，所以收益是激励人才的基础条件。因此，项目经理要有挣钱的能力，要能够识别项目的盈利模式及关键的盈利点，并抓住这些盈利点，项目经理要有"钱商"。

由项目愿景开始到吸引相关方的支持以完成项目。完成项目以后还要增加三个方面的东西：品牌、收益和知识。以品牌、收益和知识进一步地去吸引和激发人才并获得客户认可和资源的供给，这样形成以项目管理为核心的创业迭代成长。

价值观、资源激发能力、产生贡献能力和对可持续增长的知识贡献能力是一个创业者的基本标准，同时也是在乌卡时代，一个合格的项目经理的四项重要标准。此外，项目经理还应该对新技术，如数字化技术、能源技术等的价值有敏感性，无论是会展项目、旅游项目还是庆典项目，这些看起来纯人文社会领域的项目也都离不开新技术的支持，或者说新技术同样会对这些项目有强大的支撑或促进作用。如果项目经理没有新技术意识、兴趣和敏感性，那么在未来的社会中同样是不能胜任项目经理这一职位的。

23 项目与部门之间的协同

交付项目就好像在前方打仗，因为它是面向市场、面向合同的。打仗不仅仅打的是前线部队，打的也是后勤部队，打的是前线和后援之间的配合。由于项目经理和部门经理之间的角色不同、责任不同，项目和部门之间经常存在矛盾。这种矛盾如果协调不好，不但项目不能顺利完成，而且很容易形成企业内部推诿争斗的不良风气。"让听得见炮声的人呼唤炮火"是可以的，但"让听得见炮声的人指挥炮火"不是一件容易的事情。

项目不可能拥有企业的很多资源，因为项目是临时性的，企业会根据项目任务的需要来配置资源而不可能将资源完全给一些临时性的项目使用。项目经理希望资源越多越好，部门经理希望给的资源越少越好。稳定的部门对临时性项目的需求有两个问题。第一个是"你凭什么要这么多资源？"项目很重要，但重要就可以多要资源吗？你要8个人凭什么我就给你8个人？如果你要80个人呢，我是不是该给你80个人？因此，谁来仲裁项目应该需要多少人是资源配置时第一个需要回答的问题。项目经理要8个人，理由很充分，但部门经理手下总共才20个人，有5个项目找他要人，他不能把人都给你这个项目吧？因此，谁来决定项目对资源需求的优先级就成了资源配置时需要回答的第二个问题。这两个问题反映的并不是完全的官本位问题，无论是项目还是部门都是为了企业好，角色不同立场也会不同。

在项目实施的过程中经常采用的一种组织结构叫"矩阵结构"，除了比较特别的项目会采用项目制结构（在项目实施期间企业会完全将资源归这个项目所有），大量的项目其实采用的是矩阵结构，在这样的结构中项目需要的资源是动态的，会根据需要在不同的项目中调配。关于矩阵结构常见的问题是"一仆二主"，即一个人有两个老板，一个是他的部门经理，另一个是他的项目经理。出现"一仆二主"的时候怎么办呢？看起来这个仆人会很困难，因为他需要同时满足两个老板的需求。如果两个老板之间有矛盾的话就更不好办了。他既不能得罪项目经理，因为有项目任务在顶着，"县官不如现管"，也不敢得罪部门经理，因为这个项目早晚有结束的时候，结束后人回到哪儿去呢？所以在两个老板之间找平衡对员工来讲是件麻烦事。但实际上，有时候员工也会挑起两个老板之间的矛盾并从中获利。他会对部门经理讲"我今天在项目上，因为项目客户要来找我，所以我就不在部门了"，但是同时他也可能会对项目经理讲"我今天要回部门，因为这个项目还有一个月就结束了，我们要讨论下一个月的工作安排"。结果他去哪儿了，有可能在外面他自己还有个公司呢。这种问题该怎么解决呢？

还有一种情况，是由项目经理这个临时性的"官"的特点决定的。一个临时性的职务看着很风光，但是大家都知道这个职务是短期的。部下都是从各个稳定的部门临时召集来的"草台班子"，那么项目经理的权力何在呢？怎么才能让临时性的部下听命呢？并不是有了职位、有了头衔、有了任命书就有了权力。权力是让别人听你的能力，别人听你的你就有权力，别人不听你的你就没有权力。临时性的部下凭什么要听一个临时性的项目经理的话呢？只有一种可能，就是项目经理手里捏着临时性部下想要的东西，那这些东西是什么呢？

以上这些问题需要通过设计一个有效的组织机制来解决。在公司内部，与项目相关的部门或人主要有总经理、部门经理、项目经理和项目组成员。他们之间的工作关系大致是这样：总经理向项目经理布置任务，项目经理向总经理提交项目成果。总经理会根据项目成果给项目经理分配奖金。项目经理接到总经理的任务后需要向部门经理要资源，这时就会碰到刚才提到的问题：凭什么项目经理要这么多资源？为什么部门经理要优先给项目经理这些资源？项目经理希望资源越多越好，部门经理希望给的资源越少越好。谁来一手拖两家、谁来对资源分配的

23 项目与部门之间的协同

优先级负责？所以就有了项目管理办公室（Project Management Office，PMO），项目管理办公室一手拖两家，一头是临时性的项目经理，另一头是稳定的部门经理。项目管理办公室要来判断项目经理的资源需求是不是合理，同时也要确定项目资源分配的优先级。当然，在项目实施的过程中项目管理办公室还会监督和评价项目落实。

项目经理、部门经理和项目管理办公室之间的关系是：部门经理是资源的提供方，项目经理是资源的使用方，项目管理办公室才是两者之间的管理方，它受总经理的授权行使公司的管理权并辅助总经理对公司的效益负责。部门经理提供资源，项目经理使用资源，搞清楚这个基本关系后可以发现，矩阵结构中一个人两个上司的问题本身是不存在的，部门经理不会和项目经理争夺资源，只有项目与项目之间才会争夺资源，而这时候优先权由项目管理办公室决定。项目经理如果和部门经理争夺资源，稳定的部门经理肯定是占有绝对优势的。

项目经理会对项目资源行使管理权，其中主要的是对项目组成员的指挥，项目经理给项目组成员布置任务，项目组成员完成任务，项目经理给项目组成员奖金。

项目组成员完成工作以后，要回到部门中去。部门是一个资源池，它是一个稳定的资源供给单位。项目组成员怎么回到资源池中去呢？他们要把项目经理对他们的能力评价带回去，还要把这个项目中积累的知识带回去，要把这些知识分享给部门。部门经理会根据员工的知识贡献、能力、评价态度等来决定员工以后会到哪个项目上去，以及员工的工资会怎么调整。

在企业考核时，总是有些部门容易考核，而有些部门很难考核。与挣钱有关的部门容易考核，与花钱有关的部门很难考核。其实问题就出在这个分类中。企业是要盈利的，因此部门需要分成这两类：一类是挣钱的，另一类是帮着挣钱的，这样才能聚焦目标。在考核中，应该根据业务流程，挣钱的考核帮着挣钱的，业务流程的后端考核业务流程的前端，这就是看板管理，就是前线部队考核后勤部队，这样才能做到"让听得见炮声的人呼唤炮火"，指挥权在于考核权。对企业来说，项目经理是挣钱的，部门经理是帮着挣钱的，这是一种基本关系（见图20）。

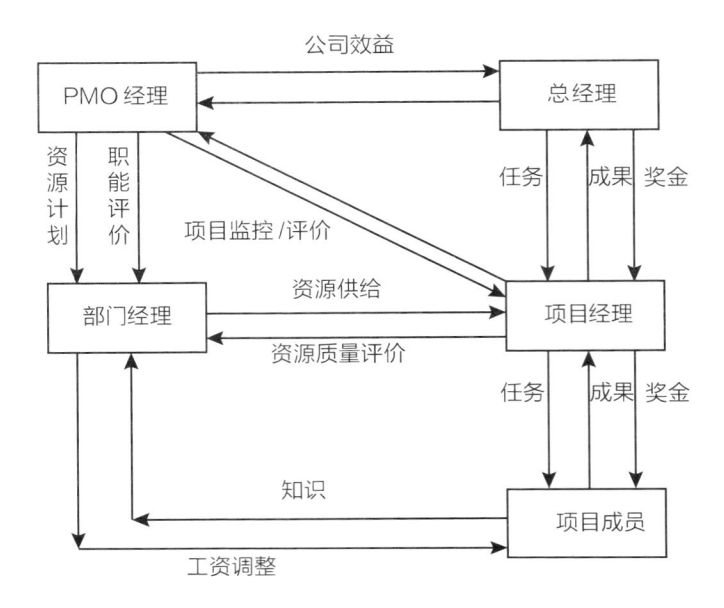

图20 企业项目管理若干组织关系

要实现这样的组织机制，还有两个基本但关键的概念把握，一个叫工资，另一个叫奖金。对于知识性工作者来说，工资不是劳动报酬，因为我们无法像对待体力工人一样去判断知识性工作者是否在按照标准劳动，对这些人来说，工资是知识和能力的市场行情。奖金则是对当期贡献的分红。因此，部门经理主要是对工资进行评价，项目经理主要是对奖金进行评价。

这里特别要提醒的是，尽管项目经理和部门经理分别在奖金和工资上有话语权，但他们一般不能掌握实实在在的现金使用权力，他们能使用的只是像筹码一样的内部粮票，因为财务是个很专门的知识和法规领域，而部门经理和项目经理十有八九没有受过专门的财务训练。如果他们掌握了现金，会给企业带来很大的风险。

另外，矩阵结构的作用不仅仅在于动态使用项目资源，将这些资源用充分，也在于能够举全公司之力，实现"集中大力，打敌小部"，以形成相对优势。

24 避免项目咨询的陷阱

无论是在项目决策还是在项目规划和实施过程中，我们难免都会用到咨询企业。那么如何和咨询企业打交道呢？如何才能发挥咨询企业或者咨询人员的作用是一个非常重要的问题。

记得若干年前，福建有一家很火爆的电脑公司，后来破产了。中央电视台的对话节目邀请了该公司的高管以及为该公司提供咨询服务的公司的代表做了一档节目。主持人问咨询公司的代表，电脑公司为什么会走到今天这个地步，代表说："因为他们没有采用我们的咨询方案。他们花了300万元请我们做咨询，但是并没有采用我们的咨询方案，所以出现这个状况。"而电脑公司的高管则说："我们没有采用此公司提供的方案也就是损失了300万元的咨询费，如果我采用了他们的方案有可能损失得更惨重。"那究竟谁有道理呢？当咨询项目出了问题以后，应该由谁来承担责任？咨询工作，特别是管理咨询工作渗透在项目的主体中，因此当出现问题的时候很难分清责任，当出现成果的时候也很难说是谁做的贡献。要用好咨询公司并不是一件容易的事情。

最常见也是最根本的问题是企业把自己和咨询企业的角色定位错了。很多企业认为我花了钱请咨询公司，那咨询公司应该替我来做事情。但实际上，最了解企业的是企业自己。因此，企业不是花了钱请咨询公司来替企业做事情，而是花了钱请咨询公司和我们一起来做事情。因此，如果这个角色没有定位准确，就会产生一系列的问题。

每个人都是站在自己的立场看待客观世界的，从这个角度来看，在我们的心中并没有客观世界本身，只有人们理解世界的立场。咨询公司的立场向来是一种发现问题的立场，因为没有问题，咨询就没有价值。就好像算命先生一样，心里没事、没碰到问题，谁会去找算命先生呢？因此，"算得准"的算命先生或者说有基本常识的算命先生总会不着痕迹地试探我们所碰到的问题，并将这些问题往坏处去说。他说得越严重，我们才越愿意掏钱，所以算命先生是带着发现问题的眼光去看我们的，这种眼光是我们产生需求的途径。有一种现象叫作"需求镀金"，是指在我们实际需求之上加了很多不必要但看起来很美的需求。

还有一种情况是我们花了钱请咨询公司来办事，就相当于我们将一些业务承包给了他们，在此过程中，"黑箱"就容易产生。咨询公司在刚开始拿单的时候，在谈判的时候，他们和我们的关系非常密切，联系频繁。但是过了一段时间以后他们就不见了，因为咨询公司同时还有其他业务，又过了一段时间以后，他们突然又带着方案回来了，这种方案好像是秘方一样，有多大的实用价值呢？

企业在请咨询公司的时候一定要了解或者说要意识到其实没有什么神医，中医和西医的哲学理念是不一样的，西医似乎创新比较高，因为不断有新的病症产生，也相应地有新的药品、医疗器材和施治方案等，但中医总是去看《黄帝内经》《伤寒论》《千金方》等，因为中医认为，人从进化为人以来并没有本质上的变化。很多问题、很多病症都来自人体系统内部的失调和人体系统与外部环境的失衡。

中医与中国哲学是相通的，都认为内因是基础、外因是条件，外因通过内因起作用，所以中医认为当内部失调或者内部与外部的关系失调的时候，人就产生了病症。当然中西医需要结合起来，很难说哪一个好哪一个不好，因为不同的问题、不同的症状，需要用不同的治疗方法。我个人倾向于很多疾病还是要靠增强人体自身的免疫力来解决。感冒就是最常见的病，但到现在为止人类并没有一个很好的治疗感冒的方式，基本上还是靠提高自身的免疫力来缓解和自愈。咨询项目也是要把企业内在的潜力更好地发挥出来，咨询公司如果没有花足够的时间在企业身上，它所给出的咨询意见就值得怀疑。在很大程度上，咨询方案的难点是方案能够按照预想得到实施。

24 避免项目咨询的陷阱

当然，不相信专业的力量绝对是不可行的。有一个修发动机的故事很多人都听过。福特公司的一台机器出现了故障，厂里的员工都找不出问题，于是请来咨询公司，咨询人员是一个很厉害的人，他观察后，拿粉笔在机器上画了一条线说"从这个地方打开"，果然问题就出在粉笔画线的地方。机器修理完之后，公司询问这位咨询人员要多少咨询费，他说要1万美元。别人问他就画一条线为什么要1万美元？他说，如果我只是画条线那么一美元就足够了，但是要知道从哪里画则需要9999美元。当然这可能是一个故事，但说明了咨询公司之所以成为咨询公司，就一定有我们自身不具备的专业能力，所以企业在选择咨询公司的时候也要判断其是否具备我们缺乏的重要的专业能力。

企业跟咨询公司的合作并不是甲方和乙方的问题，而是要像中医学要求的那样，在病人和医生之间建立一个非常信任的关系，病人把自己的感受、自己的病情向医生说得很清楚、不能够隐藏、不能讳疾忌医，而医生也需要有仁心仁术，不要成为算命先生和卖大力丸的江湖艺人。

我们要有与我们的客户共同创业的意识，同样我们也要有和我们的咨询公司乃至分包商联合创业的意识和策略，只有联合创业才能打破因合同而割裂开来的双方关系，对知识性、创造性工作而言，合同的约定是否促进了彼此协作不能简单论断。要促进联合创业，需要采用项目股东的方式，将双方的关注点由合同界定的费用分配转到创造价值的分享上来。

咨询必然会带来企业的变革，变革需要按部就班，并不是咨询公司一来，灵丹妙药一到，企业就能脱胎换骨，变革总是需要一步一步来的。如果说一个咨询公司给企业画的蓝图很美妙，让我们感到很兴奋，反而容易产生问题。扁鹊三兄弟的故事值得思考，动刀治大病的医生不一定是水平最高的医生。

25 收入与项目角色责任的映射关系

挣钱不容易，花钱有时候更不容易，"打江山难守江山更难"。对企业来讲，从市场赚钱不容易，内部的收益怎么分配更合理也非常不容易，有时候甚至因为内部利益分配不合理导致赚钱很难。

一说起"收入"，大家就会想到工资、奖金、福利、补贴、股份等。我们可以简单地把收入分成两大类：一类叫固定收入，另一类叫浮动收入。固定收入和浮动收入的本质是什么呢？固定收入是无论我们干得好不好，只要在企业工作就会有这笔钱。浮动收入是我们干得好不好，收入是不一样的。固定收入和浮动收入背后的本质在于这笔收入的责任承担方是谁。固定收入的责任是由企业来承担的，相应地，浮动收入的责任是由个人来承担的。

哪些工作岗位、哪些人的责任应该由企业承担？哪些工作岗位、哪些人的收入责任应该由个人承担？判断标准很简单，谁能够担得起这些责任就由谁承担，个人承担不起的就由企业承担。如果个人被要求承担其承担不起的责任，结果必然是形成企业和员工的对立，员工为了保护自己的利益一定会损害企业的利益。这就是所谓的"光脚的不怕穿鞋的"，不仅两败俱伤，而且吃大亏的一定是企业。旅行社曾发生导游胁迫游客的事件，其原因就在于旅行社不承担导游的基本收益保障，导游为了保障自己的收益导致了两败俱伤甚至多伤的结局。

企业里有三类基本人员：第一类是市场人员；第二类是技术人员；第三类是管理者。一般来说，与具体的工作、事务、机器、数字和专业打交道多的人可以划归为技术人员，和企业外面的人打交道多的人可以划归为市场人员，和企业内部的员工打交道多的人可以划归为管理者。市场人员的业绩责任与他们本人的关系最密切；管理者是通过他人来工作的，他们的业绩责任与个人技能关系最弱，而与团队、与企业内部的员工关系最密切；技术人员处在两者之间。假如说有固定收入和浮动收入比例的话，固定收入占总收入比例最高的是管理者，市场人员的固定收入的比例则最低，技术人员的固定收入的比例在两者之间。固定收入的比例越高，则浮动收入的比例就越低。

固定收入和浮动收入的两个最典型的来源是什么？一个叫工资，这是相对固定的、稳定的收入。另一个叫奖金，它是相对变化的、会根据业绩大小浮动的收入。什么叫工资？按照以前的说法，工资是劳动的报酬。但是现在随着知识含量在工作中的比例越来越高，工资的概念也需要变化。

如何判断一个知识工作者是不是在为企业工作呢？他看起来跷着二郎腿在那打盹儿，但实际上他可能在想工作的事情；他看起来忙得很，在键盘上敲个不停，但也可能是在干工作之外的事情。现在很多管理方式实际上是来自机器工业时代，工资是劳动报酬，是因为体力工人在流水线上整齐划一的工作是可以直观度量的。但在知识经济时代，在当下的数字化和创造力时代，工资不是能力的市场价格，高于这个行情知识人员就来了，低于这个行情他们就走了，至于是不是在工作与这个没关系。

奖金则是当期贡献的分红。当期我们做了什么贡献、能拿这些贡献的多少比例叫奖金。大家可以看到，如果将工资和奖金作为收入的主要来源，它们与苦劳的关系并不太大，而与能力和业绩的关系比较大。这个变化趋势会越来越明显。知识工作者的收入来源如图21所示。

在市场人员、技术人员和管理者中，市场人员的业绩与个人的关系最直接，管理者的业绩与个人及集体的关系是最直接的。在同一个级别下，市场人员的收入额度标准应该是最高的，管理者的额度标准应该是最低的。因为市场人员的风险最高（固定收入的占比最低），管理者的风险最低（固定收入的占比最高）。换句话说，市场人员的当期收入比例应该是最高的，因为他们的业绩是直接的、立竿见影的，干了多少就可以拿多少钱。但是，分红是跟企业整体利益相关的，或者是跟长期利益相关的，管理者的分红是最高的。

图21　知识工作者的收入来源

从本质上来讲，能胜任的管理者是企业经营好的关键。企业有了好的管理者，企业其他人员才能够更好地发挥价值；没有好的管理者，企业的人才和其他资源的价值就不能充分发挥。管理者分为以下三种：企业的高层，拿年薪的；主管，部门的一把手，有工资奖金加分红的；部门里的管理者和副职，主要是拿奖金和工资的。

技术人员的晋升应该有技术的渠道，不能让所有的技术人员到一定程度后都去做管理，那样会得到一个很差的管理者，同时还丧失了一个优秀的技术人员。创新的贡献是不能靠监督做出来的，也不可以按斤按两度量。尽管泰勒的科学管理原理能使体力工人的效率提高20倍，但对于知识工作者来说，最大的激励来自他们对自身认可的目标的追求，而不是通过行政的过程进行控制。

产品股东和项目股东的方式能够激发知识工作者的热情，也能够防范知识工作者的缺点。产品股东是指只要知识工作者自己独立提供的产品部件（如软件函数、工艺、零部件等）在公司里被其他项目运用，企业会根据这些产品部件被运用的程度给予其价值的认可。这种策略可以让知识工作者发挥其所长，既能激发他们不断推出新成果（产品），又能避免他们从企业独立出去变成企业的竞争对手。

项目股东是指对项目产生贡献的人会根据项目成果产生的价值得到回报，而不是仅仅局限在对预算的控制上，这样能使人们更看重项目成果的价值，而不仅仅是以成果的交付为终极目标。例如，面向新产品研发的敏捷项目中，很难预先设定项目范围、预算或合同额，又要避免技术和信息不对称造成的对方企业"留一手"或"需求镀金"，这样就需要与其分享项目成果的效益增值。

可以预见，随着区块链技术的成熟和广泛运用，知识工作者的价值贡献得以追踪的可能性越来越大，产品股东和项目股东将会取代企业股东，成为大量知识工作者广泛认可的激励方式，这种方式能够使他们更好地聚焦于自己擅长的工作，而不需要通过创业和从事管理工作换取更大的回报。

26 支撑项目的管理平台

对于打仗来说，打的不仅是前方，也是前线和后援的支撑。任正非说"让听得见炮声的人呼唤炮火"。听得见炮声的人是前线作战的，炮火是在后台，是平台的支撑。华为说的班长将军，意味着前哨的班长要像将军一样有权力，能够调动大规模的后台资源。项目是前哨部队，它是面向顾客，面向市场最前沿的，但是仅靠项目在前方作战就容易形成流寇，容易因身陷重围而打败仗。

项目不能没有后方作战，否则就会出现大问题。这几年我国正在大力研制航空母舰。我们有飞机、有导弹、有火炮、有鱼雷、有大量的武器装备，为什么还需要有航空母舰呢？航空母舰是指海上可移动的综合武器平台。它不是一个武器装备那么简单，而是立体化的、多维的武器平台。航空母舰上面有各种舰载机，可以简单地把它看作一个个满足特定需要的项目。企业要应对动态的市场，要用动态的项目，动态的项目又连接稳定的资源平台。对于不同的打击目标，远程的用导弹、近程的用鱼雷、中程的用飞机，所以不同的客户需求要有不同的项目去应对。要想确保舰载机顺利快速起降，要有专门训练有素的人员。辽宁舰为什么需要长时间地作为训练舰使用，就是因为舰载机上的配合、起降问题会面临在陆地机场上没有碰到的挑战。如果没有这些训练有素的飞行员和引导员，仅仅把飞机研制出来，在航空母舰上还是不能使用的。

航空母舰上各种武器装备、配套设备之间的有效协同也带来了知识的共享、知识的获取和传播之间的新的需求。第一次海湾战争的时候，美军出动了13架运输机去运载武器装备的技术保障资料。到了第二次海湾战争的时候，一架运输机都不需要了，因为已经全部实现了电子化。航空母舰不仅仅是一个硬件那么简单，它有很多软件能力的问题，也就是知识管理问题。

航空母舰要具备作战能力还需要有高效的管控平台。预警机实际上是一个空中指挥所，它能够把空中的一些飞行编队有效地调度、指挥起来。对一艘航空母舰来说，拥有强大的预警和控制系统是非常重要的。

当然，航空母舰的基础是要有坚固的底盘。对一个企业来说，这个底盘就是它的文化平台。对于项目型企业、创新型企业来说，就是要有合作分享的企业文化。

企业要用一个个独特的项目去满足动态市场的特定需求，要想使这些项目能够发挥作用，需要有坚实的、为项目服务的平台。有了这些平台，项目的运作方式才能够实现由流寇转变为有后方炮火支援的特战队，项目就不会陷入孤军奋战的悲情局面（见图22）。

图22　企业项目管理平台的功能类似于航母

平台建设给企业带来的转变（见图23）体现在六个方面。一是从依赖于人转变为依赖于系统。在项目管理中有一个"成熟度"的概念，最初的一级即成熟度最差的就是依赖能人，一旦换一个人，项目就完全不一样。个人英雄主义占了很大的成分。目前有一些企业处于这一层面，而且会用"尊重人才"的幌子来掩盖组织机制的不成熟。随着企业成熟度的提升，管理体系会更加有利于吸引人才和发挥人才的作用。企业成熟度越高，项目成功依赖于体系的成分就越多；企业成熟度越低，项目成功依赖于能人个人的成分就越多。虽然苹果、谷歌、脸书有很多优秀的人才，但这些企业的成功还是在于管理人才的体系。这些企业的人才流动率非常高，为什么不会影响这些企业的发展？因为它们有很好的人才吸引、培养、赋能、运用和更替的体系。

平台建设给企业带来的转变

- 从依赖于人转变为依赖于系统
- 从关注内部员工转变为关注项目相关方
- 从面向职能的部门管理转变为面向目标、成果、交付的流程管理
- 从静态的岗位管理转变为动态的角色管理
- 从属于员工个人的经验转变为属于企业可复用的知识
- 从事后的绩效管理转变为面向全过程的预防与推动

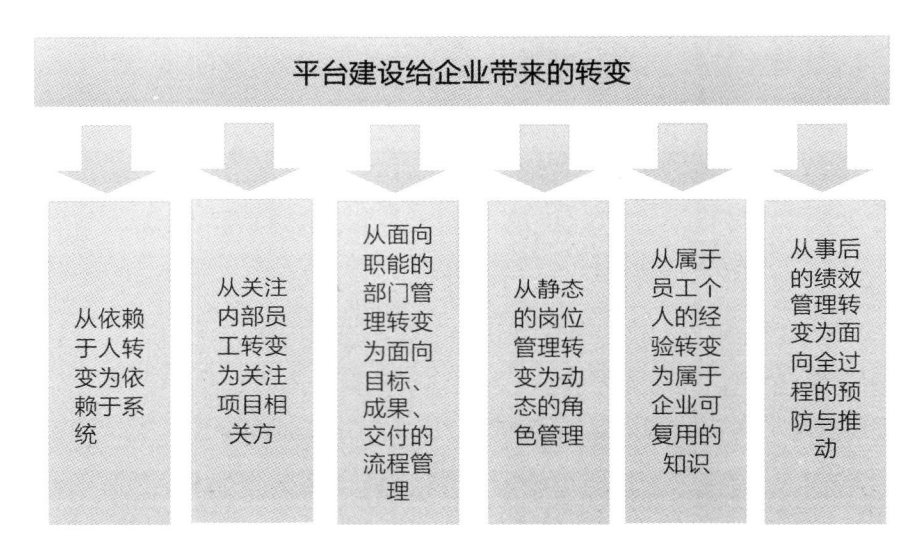

图23　平台建设给企业带来的转变

二是从关注内部员工转变为关注项目相关方。内部员工也是企业的相关方之一，甚至是非常重要的相关方，但是供应商、客户、政府、咨询单位等相关方对一个项目的成功同样非常重要。企业是相关方的企业，项目是相关方的项目。现代项目管理将"为相关方贡献价值并让相关方满意"作为最高标准，因此项目管理要由仅仅关注内部员工转向关注项目相关方。

三是从面向职能的部门管理转变为面向目标、成果、交付的流程管理。职能管理依赖于边界比较明确、工作之间配合关系清晰的分工。当边界一旦不明确、工作之间配合关系不清晰的时候，就容易形成扯皮和内耗。一个企业稳定的职能经理在减少，但是项目经理这种面向动态需求的角色、项目与部门之间中间人/

协调人（Coordinator）的角色在增加。项目将依靠流程从一个个稳定的资源池中去调用资源完成任务。

四是从静态的岗位管理转变为动态的角色管理。工作不再基于预设的稳定的岗位，而是根据任务的不同而采用不同的角色管理。之前谈过内部市场机制、内部顾客和内部供应商，角色不一样，考核的先后顺序不一样，优先等级不一样，谁指挥、谁服从也不一样，这是一个动态的过程而不是官本位的僵化等级制。

五是从属于员工个人的经验转变为属于企业可复用的知识。每个人在项目中做完工作后要把经验提炼出来留给企业，变成企业的无形资产，以备以后的项目可以复用。

六是从事后的绩效管理转变为面向全过程的预防和推动。事后的奖罚表明已经造成了损失，而事前全过程的预防和推动才能提高企业运作的可靠性。管理要走在问题的前面而不能局限于问题导向，特别是对于创新型的项目工作，面向价值和目的的推动力比由预设目标的拉动来得合理和有效。

有了这些转变我们才能够做到一切工作面向项目、面向客户，才能有强大的后台做支撑。

27 项目经理需要选对项目发起人

一般来说，项目是由项目发起人来选择合适的或胜任的项目经理，这当然没错，但项目经理也需要选对项目发起人，项目发起人和项目经理之间要相互匹配，如果找一个很差的或者不适合自己的上司，下属是很难干出业绩的。根据统计规律，项目成功的原因有很多，排在第一位的是项目得到了高层领导的支持，合适的项目发起人对项目成功来讲是非常重要的。

高层领导就是项目经理的资源，就是项目经理的环境，学会对上管理是项目经理的必备技能。

那么，什么样的项目发起人是合适的呢？站在项目经理的角度去选，第一个标准是彼此要理念一致。历史上有典型的例子，例如诸葛亮出山，人们一般都认为是刘备三顾茅庐去请了诸葛亮，但实际上不是这么简单的。"现代管理学之父"彼得·德鲁克曾经说过，看小说是学管理的一个很好的方法。《三国演义》与陈寿的《三国志》对三顾茅庐这一段的描写是不同的。在《三国志》里，刘备一谈国家形势诸葛亮就帮他出主意了，而《三国演义》中则不是这样，诸葛亮再三推脱并最后问了"愿闻将军之志"，得到明确答复后才为刘备出主意。孙皓晖在其《大秦帝国》一书中也特别描写了商鞅三次用不同的治国思想试探秦孝公的场景，有些场景虽然可能来自作者的想象，但这些都是谋臣得以成功的关键因素。

用好一个上司要比用好一个部下容易得多，因为上司只需要靠理念、目的和价值方向就可以打动他，而打动部下则需要真金白银。获得一个上司支持的效果远远比一个个地去争取部下的支持要有效得多。"阎王好见，小鬼难缠"的原

27 项目经理需要选对项目发起人

因大多在于我们自己，在于我们把该对"阎王"做的事对"小鬼"做了，把该对"阎王"说的话对"小鬼"说了。

项目经理需要了解项目发起人的志向是否与自己的一样，如果不一样，便是"我以我心照明月，奈何明月照沟渠"。特别是对创新性强、不确定性大、战略远景性的项目而言，志向相同比目标明确更为重要，这就是《孙子兵法》中说的"上下同欲者胜"。

好的项目发起人的第二个标准是能担责任。即使项目发起人与项目经理有着相同的理念，但如果他不愿承担责任，出了问题都推到项目经理身上，这也不是项目经理应该选择的项目发起人。仅有同理心，但不能为具有不确定性和风险的项目任务承担责任的人是不配做项目发起人的。春秋时期，齐国的齐桓公便是一位能担责任的好国君，也是好的项目发起人。宁戚是卫国人，学识渊博，才华出众，心怀经世济民的大志，却一直没能实现，于是便去齐桓公那里求取官职。在听取了宁戚治国的见解之后，齐桓公便准备起用他。有大臣劝道"卫国离齐国并不远，国君不如派人先去打听一下，如果他确实是一个有才有德之人，再起用他也不迟啊！"齐桓公却说"不然。问之，患其有小恶。以其小恶，忘其大美，此世所以失天下之士也。且人固难全，权用其长者。遂举，大用之，而授之以为卿。当此举也，桓公得之矣，所以霸也。"所以好的项目发起人一定能够承担责任。

《孙子兵法》里讲到"将能而君不御者胜"，所以好的项目发起人的第三个标准是"将能而君不御"，就是说项目经理如果很有能力，上司就不要多加干预。《吕氏春秋》中齐桓公就是如此。有司有事情向齐桓公请示。齐桓公说："去告诉仲父。"有司第二次向齐桓公请示。齐桓公又说："去告诉仲父。"旁边的人说："一次找仲父，两次找仲父，当君王真容易！"齐桓公说："我没有得到仲父时当君王很难，已经得到了仲父，怎么会不容易当君王呢？"没有齐桓公的"不御"也就没有管仲这个职业经理人大展宏图的空间。不仅齐桓公如此，魏文侯、秦孝公等都是如此。

当然，"不御"并不是无条件地放纵，不是所谓的"疑人不用，用人不疑"，疑与不疑都相对于有无规则而言的，就像前文所说的，如果有制度在替我们做坏人，我们才有资格做好人。项目因为其特点，"用人要疑，疑人要用"才是常态，也是靠谱的项目发起人和项目经理的关系。

在乌卡时代，提高项目成功可靠性的责任很大程度上应该由项目发起人承担。项目是一项临时性任务，它有明确的目标和范围、费用和工期等约束条件，但在这些约束条件内达到目标，只能认为是项目管理取得了成功而不能认为项目取得了成功，最多只能认为是项目经理成功完成了分内工作而不能认为项目发起人也完成了分内工作，项目成功与项目管理成功不是一回事，项目经理可以对后者负责而项目发起人必须要对前者负责。项目是临时的，这是对项目经理而言，对项目发起人来说，任何一个项目都需要考虑其长期价值。项目价值中"时间"这个变量的跨度要比项目管理成功中的时间跨度长很多。因此，好的项目发起人的第四个标准是要有"长期主义"思想。

项目经理需要特别注意的地方：项目经理对项目负责，不要介入项目发起人之间的斗争。项目不仅要满足客户需求、推出新产品或新服务，在很大程度上项目也是项目发起人的业绩，项目发起人可能会和项目存在"一荣俱荣、一损俱损"的关系，这对项目经理来讲是一把"双刃剑"，好处是可以得到项目发起人的支持，坏处是容易被"站队"。这两个矛盾如果处理不好，项目经理在项目期间或者项目结束之后都会有一些麻烦。

28 项目管理团队的组建

项目经理是项目管理的灵魂人物，这一点当然是没有问题的。但是真正起作用的并不是项目经理一个人，特别是在乌卡时代市场充满了变数，充满了不确定性，一个项目经理再有能耐，也不可能各方面都很擅长，他也有缺点，怎么来弥补他的缺点，就需要一支有胜任能力的管理团队。

一般来说，企业有内部相关方和外部相关方，项目也有内部相关方和外部相关方，对项目经理来说也有内部相关方和外部相关方。项目经理的外部相关方包括项目发起人、客户、部门经理、供应商等，其内部相关方则是自己的团队成员。先来看看项目管理团队会有哪些典型人物。第一个当然是项目经理。如果说把项目视为一个临时性的创新企业，那么项目经理自然就是CEO，这是毋庸置疑的。第二个是财务经理。一个项目的财务经理往往是由企业派过来的，所以这个人和企业或者项目委托方的关系是非常微妙的。除了金融财会类的项目经理，大部分项目经理都不懂财务，而财务是一个非常专业的东西，不懂财务的项目经理在财务上可能遇到的风险需要公司替他们防范。

项目书记，一听就是负责党务工作的。其实在项目上，因为工期比较紧，人员比较杂，又远离各自的企业和部门，心理问题、文化塑造问题是非常重要的，或者说思想工作是非常重要的，所以项目书记在这方面发挥着非常关键的作用。美丽的中国梦建立在一个个实实在在的项目成果之上，"撸起袖子加油干"，在很大程度上干的就是创新、创造与创业的项目。特别是大型工程项目，工期长、参与方多元，这种临时性的组织怎么形成凝聚力和战斗力，项目书记和项目党组织应该发挥重要作用。此外，现在大型项目还有很多舆情问题，这些问题也是项目书记在党务工作中需要关注、预防或处理的。

另外就是项目总工，他们是项目中的技术能人。项目经理不一定是某个方面的技术专家，但项目总工必须是专家。我国当前最优秀的项目方式之一就来自"两弹一星"项目，是总指挥和总工程师两条线，或者说是行政线和技术线，这两条线的有效协同是特大型、复杂项目成功的基础保障。其实，这两条线就是生产力和生产关系，我们现在很多企业太强调人才这个生产力，而忘掉了生产关系的作用。有合适的生产关系，普通人也能产生卓越的成果；没有合适的生产关系，杰出人才也施展不出才华。

还有就是项目的行政辅助队伍，如办公室等。这里还有一类很重要的人，虽然不能叫班子成员，但是也要用好他们，特别是对那些需要在野外、国外长期工作的项目工作人员来说，这类人很重要，他们就是厨师。在华为向海外开拓业务的初期，任正非曾说让大家背上电饭锅炖上红烧肉，大家吃饱了就不想家。我们有很多远离城市，或者远在国外的工程项目，让员工生活好、吃好饭是非常重要的。看一个项目团队有没有战斗精神，首先要看伙食。特别是在海外的工程，厨师有可能起到项目外交官所不能起到的作用。

项目班子可以用纵横两轴分成四类。项目团队为一个横轴，项目经理为一个纵轴。这四个象限对应的四类分别为：第一类是项目经理个人能力很强，项目团队成员的能力也很强。这种班子在现实中是比较少见的，但也不能说没有。我国"两弹一星"系列项目，从团队的负责人钱学森、钱三强、邓稼先，到团队的科学家郭永怀、朱光亚、赵九章等，每个人都是杰出的。"两弹一星"系列项目的研发团队就是具备很强的项目经理和很强的项目团队成员的代表案例，这样的团队即使在十分恶劣的工作环境下也容易取得成功。这种项目团队可以说是全能团队，能够胜任各种项目，遗憾的是这种团队可遇而不可求，而且也需要长时间的磨合。

第二类是项目经理不一定特别强，但是团队很强。比如，刘备的团队。刘备本人其实并不是很强，论武艺也只是一般水平，但是他的队伍很强并且分工明确，武艺高强的有关羽、张飞、赵云、马超、黄忠，智谋超群的有诸葛亮、庞统、法正等人，所以刘备后来能够一直打到西川，做了蜀国的皇帝。这种队伍要求领导人目标清晰、坚定并能够得到团队成员的认可。这种项目经理一般来说威望很高，特别是很会做人，很会关心团队成员，团队成员对其的信任度很高。这种团队能够胜任执行力要求很强的项目。

第三类是项目经理比较强，但是项目团队比较弱。比如，刘备去世后，诸葛亮的团队。诸葛亮本人很厉害，敬业并且忠诚，但是他手下的队伍很弱：廖化很弱、魏延不忠，好不容易培养了个姜维也没有太大建树。他的队伍是"大树底下不长草"，有人说蜀国的人才凋零与诸葛亮个人能力太强有一定关系。其实个人能力太强的项目经理往往用人和培养人的能力比较弱，诸葛亮不仅用错了马谡，还用错了关羽。

第四类是项目经理比较弱、项目团队也比较弱。人们可能认为这样的项目团队不应该存在，实际上这种项目团队在企业中恰恰是最多的。企业的持续改进活动既不是典型的运营工作，也不是典型的项目工作，这类活动由第四类队伍来完成最合适。这种团队就是人们常说的弱矩阵结构，因为被遮掩在常规的部门工作之内，这种团队常常不显山露水、不产生英雄和显著业绩，容易被人们忽略，却是公司可持续成长必不可少的力量。

项目团队的管理需要对两条工作线之间的冲突特别小心。一条工作线是业务线，一条工作线是行政线，或者说是行政线和技术线双线管理，最典型的就是"两弹一星"中的两条线管理方式。行政线和技术线双线管理并不符合管理的基本原则，即每一个项目只能有一个人负责。解决这两条线冲突的方式是先充分沟通再按角色决策。两条线管理应该有两个主管，即总指挥和总工程师，一般说来，技术的归技术、行政的归行政，如果两者发生冲突或需要密切配合，则通过会议方式来进行管理。

29 控制项目的内在属性

很多人在谈恋爱的过程中会追求一种浪漫，喜欢给对方一个惊喜。但是在管理者的字典里最好不要有"惊喜"，而要有"可控"，因为惊喜带来的结果常常不尽如人意，有时候甚至是惊吓。

欧·亨利写了一篇小说叫《麦琪的礼物》，说的是一对年轻的夫妇，圣诞节那天都想给对方圣诞礼物，给对方一个惊喜。妻子考虑到丈夫的怀表缺表链，所以她就把自己美丽的头发剪掉卖了钱，为丈夫买了一条表链。而丈夫则考虑到妻子有一头美丽的秀发但是缺一个梳子来梳这头秀发，所以他就把自己的怀表卖掉了，买了一把精美的梳子。这是一个让人感动的爱情故事，但从管理角度来讲，这是完全失控的。

汉朝的刘向在《书苑》中说了一段历史故事，也就是"食指大动"这个成语的由来。有一天，楚王给郑国的郑灵公送了一个很大的甲鱼，郑灵公就炖了一鼎红烧甲鱼，想请他的两个臣子来吃。这两个臣子一个叫公子家，一个叫公子素。郑灵公想给这两个人一个惊喜，就对太监说你去叫他们立刻过来，但是不要对他们说来干什么。公子素接到通知后就对公子家说今天有好吃的，但公子家不能理解，说为什么你认为今天有好吃的呀？公子素说，我有个特点，只要有好吃的，我的食指就会跳，今天我这个食指在跳肯定是有好吃的。于是两个人去见了郑灵公，说您叫我们今天来有什么事吗？郑灵公说你们猜呢？二人就问是不是有好吃的。郑灵公感到好奇，说你们怎么知道今天有好吃的？公子素说，我的食指在跳，因此应该有好吃的。郑灵公一听，就想和公子素开个玩笑，他说今天真有好

29　控制项目的内在属性

吃的，楚王给我送了一个甲鱼，我炖了一鼎红烧甲鱼，请你们两个过来，但是没你的份，我主要是请公子家来吃的，你在旁边看一下就行。其实郑灵公就想开个玩笑，结果公子宋觉得很丢面子，就走上前来用跳动的食指在鼎里蘸了蘸汤，舔了舔扬长而去。郑灵公觉得这太不礼貌了，就想杀公子宋，但经过别人劝说没有动手，结果想杀公子宋的风声却传出去了，公子宋来了个先下手为强，把公子家拉下水搞了一场政变，把郑灵公给杀掉了。因此，制造这种惊喜是不可行的。

管理不是追求浪漫，而是追求可控。管理的两个基本任务，一是提高效率，二是控制风险。企业赚钱来自盈利模式，管理机制是为了保证盈利模式的效率和可靠性。判断一个企业的管理制度好不好、是不是被需要就看以下两个方面：一是看有了这些制度，是不是比没有这些制度工作效率更高、成本更低、工期更短；二是看有了这些制度是不是会比没有这些制度时工作更可靠、质量更好、风险更低。

风险是来自不确定性的东西，内因是根本、外因是条件，内在固有属性带来的管理问题会比外因中的不确定性因素造成的风险更严重。比如，一个人出门可能会被车撞，这是一个风险。但一个人必然是要死亡的，只是不知道什么时候死而已，这个确定性的问题比出门被车撞了还要麻烦。确定性的问题通常来自项目固有的内在属性，因此分析项目固有属性有助于使项目的管控走在问题的前面，有助于提前判断和控制风险。这些内在属性是项目风险的统计规律，是不同项目中共有的一些基本控制点。

项目是由多方活动联合而起的，有跨知识领域的活动，也有跨部门、跨企业的活动，这些连接的部分最容易出问题。就像施工管道一样，经常是管道本身没问题，但管道与管道的衔接有问题，所以对衔接方面的控制非常关键。项目活动的接口常常不标准，也难以用合同、责任范围界定清楚，项目管理者需要将必要的精力放在这些接口方面。常见的处理办法是协调会议，但仅靠协调会议将现场的问题上升到项目各主体单位的利益之争，也会形成很多管理资源的浪费，甚至将小事激化为大事，仅靠上司压迫着下属解决问题常常是不划算的，对于知识性强的工作甚至会适得其反。管理者需要深入现场，有时候一句暖心的话就解决了协调会议上争吵半天也解决不了的问题。现场工作人员的尊严其实很容易被满足，他们需要的是坐在办公桌后面的职能管理者真诚地放下身段。

另一种项目固有的问题是人不能够专心工作而造成的"学生综合征"。项目组成员在同一时间段内常常不是只承担一件事情，他们还有其他事情和其他项目要完成，但我们做计划时常常假设这些人是能够全身心投入、工作效率是百分之百的。以小学生写作业为例，他们的假期作业实际上并不算多，但是他们往往在开学的前一天晚上才能完成全部作业。这种"学生综合征"是人固有的工作习性。因为当我们在一段时间内有多项工作要做时，我们会把眼前的事情先做了，会把被催得急的事情先做了。紧急的分工会被"会哭的孩子有奶吃"以及"先做让自己愉快的事情"所代替，结果造成很多该做的事情延期的问题。要解决这种问题，需要重视项目里程碑的设置节奏，让里程碑变成"会哭的孩子"和能得到好处的节点。

项目中还有个问题，即"需求镀金"，它来自人的贪欲或虚荣，是我们在做项目时加塞进去的为了满足自身兴趣或目的的"小心思"。专业人员常常会有这个毛病，会忽悠得不懂专业、不知道自己真正要什么的客户信以为真。但是实际上，这些过度的功能、过度的质量会衍生出很多额外的费用和时间。轻信新技术、新材料、新方案也是产生这类问题的原因。要解决这类问题，甲、乙双方都需要树立一种观念，即"创新"不见得就好，创新从来都不是目的而只是必需的手段。有事没事就追求和激励"创新"大多会带来"需求镀金"的问题。

以上这几类问题都是由项目内在固有的属性也就是内因造成的，而不是由外因中的不确定性因素造成的。内因方面导致的问题一定会发生，所以叫确定性的问题，它们与项目的固有属性密切关联。如何控制住这些确定性的问题以减少它们带来的损失，是项目管理者在做计划时需要考虑的非常关键的方面。没有控制的计划不能称之为计划，控制的第一要务是针对项目和人的固有属性所带来的确定性的问题加以控制。

30 建立项目组织体系的逻辑机理

项目失败的原因主要有哪些？调查结果显示，来自目标方面的问题平均占到21%。这类问题就是没有搞清楚利益相关方的需求，这些需求之间的冲突没有化解，也没能让相关方明确认识到他们的需求已经纳入项目的目标。项目中一些小角色的相关方、处于弱势地位的相关方的需求经常没有得到足够的重视，而这些人对自身需求的重视程度远超地位高高在上的决策者的想象。没有考虑到他们的需求，没有让他们知晓这些需求已有明确的考虑和安排，他们因疑虑而捍卫自己的利益所产生的破坏力是强大的。

在项目失败的原因中，项目组成员的能力和态度占了11%，并没有想象中那么多。如果与组织和管理关联起来看，这个比例也是合理的，其实大部分项目并不需要多么尖端的能人。在项目失败的原因中，组织问题占了33%，管理问题占了15%，这两项加起来就达到了48%。工作是由生产力与生产关系两者相结合完成的，对于大部分项目来说，生产关系的作用要大于生产力，有了好的生产关系，普通人的能力就可以胜任了。如果没有好的生产关系，就需要能力更加突出的人去弥补生产关系的不足。当然，对于一些创新性极强的项目来说，首席科学家、首席专家的作用是具有决定性的。幸好大部分甚至绝大部分项目并非如此，这也就是在项目失败的原因中，技术问题平均只占到了4%的原因。"天无绝人之路"，大量只拥有普通人的项目和企业也能够活下来，甚至活得很好。一些企业偏执于人才而忘掉了抓好基础的生产关系，必定会事倍功半，陷入"越是依赖人才越忽视生产关系，越是忽视生产关系越需要人才"这样的恶性循环。

内因是根本，外因是条件，外因通过内因起作用。内因中相当重要的一部分是组织问题。企业的部门通常有很多种，组织结构也分为职能型、矩阵型和项目型等多种，还有正式组织、非正式组织等一系列分类和说法。简单来说，企业内部就是两类基本的部门，一类是赚钱的部门，另一类被很多人叫作花钱的部门。这个说法是有问题的，企业完全可以不要花钱的部门。企业必须赚钱，为什么要有花钱的部门呢？所以我们应该把部门分成这样两类：一类是赚钱的，另一类是帮着赚钱的。这种分类方式才能做到各部门的目标是聚焦的。

这些赚钱的部门和帮着赚钱的部门之间的关系又是怎样的呢？市场充满了变化和不确定性，需求会突然在某一天产生，所以动态的市场会带来动态的需求。这些动态的需求又需要一个又一个动态的项目去满足。项目之所以有动态性，第一个原因就是需求具有动态性。需求变化了，项目的形态自然就会变化。第二个原因就是完成项目是需要资源的，如人力、资金、设备等。人力来源于哪里呢？人要从人力资源部门得到，资金则要从财务部门获得，设备要从设备部门、采购部门获得，部门的职能就在于此。这些部门是稳定的，企业不能整天变化。一个企业没有项目就没有成长，但是一个企业如果全部是临时性的项目，那这个企业的可靠性就很差，整体的效率也很低。"无农不稳，无工不富，无商不活"，企业也一样，没有项目就没有成长，没有稳定的部门架构和平台就没有可靠性和规模性。

稳定的部门与动态的市场之间的关联由谁来打通呢？回答是，通过项目来打通。项目一方面连接了动态的市场机会，另一方面连接了稳定的企业部门。企业有赚钱的部门和帮着赚钱的部门，而企业的钱严格意义上讲都是通过一个又一个合同从企业外部赚来的，换句话说就是一个个项目赚来的。因此，项目经理是赚钱的，部门经理要提供专业资源给项目经理，以便项目经理利用这些资源把钱赚回来（见图24）。

30 建立项目组织体系的逻辑机理

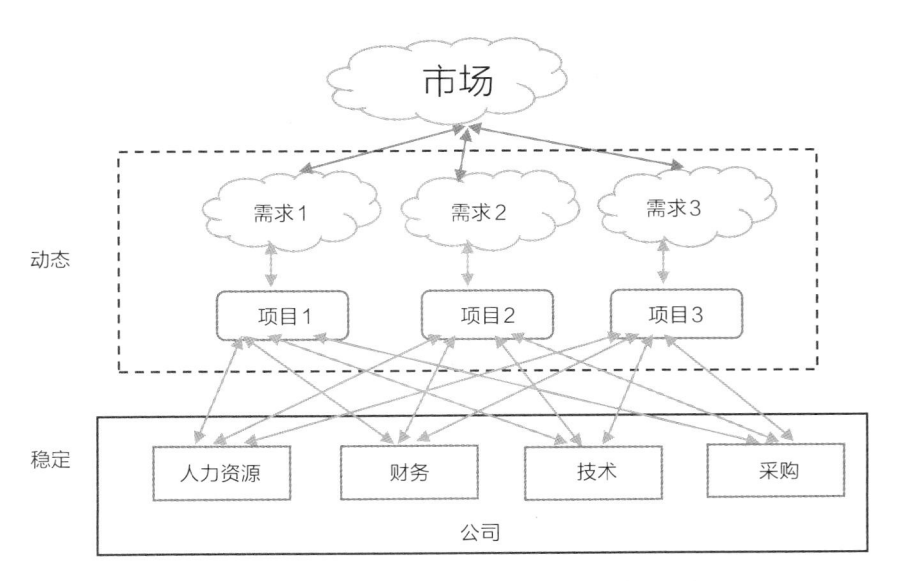

图24 动态的项目连接了动态的需求和稳定的部门

一个典型的项目组织形式叫作矩阵结构。在矩阵结构中，存在着一个问题就是，此结构中的成员会有部门经理和项目经理两个上司。项目组成员从部门而来，因此部门经理是他们的上司；另外，项目经理要给他们布置任务，项目经理也是他们的上司。这两个上司之间争夺资源会产生很多问题。但其实"矩阵结构会存在一个人有两个上司"是一个伪命题。因为部门的价值是为项目供给资源，而项目则是在使用资源，所以部门经理和项目经理之间并不会去争夺资源。如果部门经理和项目经理争夺资源，那部门经理永远是占上风的，因为部门是稳定的而项目是临时的，项目组成员工作结束之后还要回到部门里。因此，如果我们弄清楚部门经理在供给资源，项目经理在使用资源这个关系，部门经理和项目经理之间就不会争夺资源，一个项目组成员有两个上司的问题也就不存在。企业中如果有资源的竞争，也应该是项目经理和项目经理之间争夺资源。我们每个人都怕上司，但并不怕顾客，因为顾客可以被排优先顺序，然而上司都是要权力垄断控制的，我们很难在上司之间选择优先顺序。

企业稳定的部门一般被称为职能部门，如人力、财务等部门，但如果从帮着赚钱的角度来看，它们不应该叫作职能部门，而应该叫作资源部门。万科集团

109

创始人王石曾说过，在万科的内部管理中没有职能型和矩阵型之争，只有流程。他强调做企业要做流程型企业，强调各职能部门、各层级和各专业线要服从于流程。各个部门就像织地毯用的线筒一样，有的是红色的线筒，有的是蓝色的线筒，有的是黄色的线筒，它们要按照专业分工提供线。项目的流程相当于织地毯的一把梭子，梭子走到哪儿，就要用不同的线。当流程走过去以后，使用过的资源就回到资源库里，因为资源要退出来才可以被别的项目使用。资源要尽量做到动态调度，七个盖子之所以能盖十个杯子，是因为并不是同时要盖住十个杯子，企业中各个项目对资源的需求也是如此。"让听得见炮声的人呼唤炮火"，也只有通过流程调用资源才能做到。

企业的整个管理体系是一个金字塔结构，最上面的是公司治理，它解决的是公司所有者与经营者的关系、公司的发展战略与盈利模式的关系。接下来是项目治理，解决的是公司与合作方的关系、公司的职能部门与项目部门的关系、项目与项目的关系、企业和合作方的关系。在此基础上才有项目管理，它解决的是项目任务与项目任务的关系、项目任务与项目资源的关系、项目任务与时间的关系。最基础的是日常管理，它解决的是风险管理和效率管理的问题。以上这些合起来才是真正的项目组织体系（见图25）。

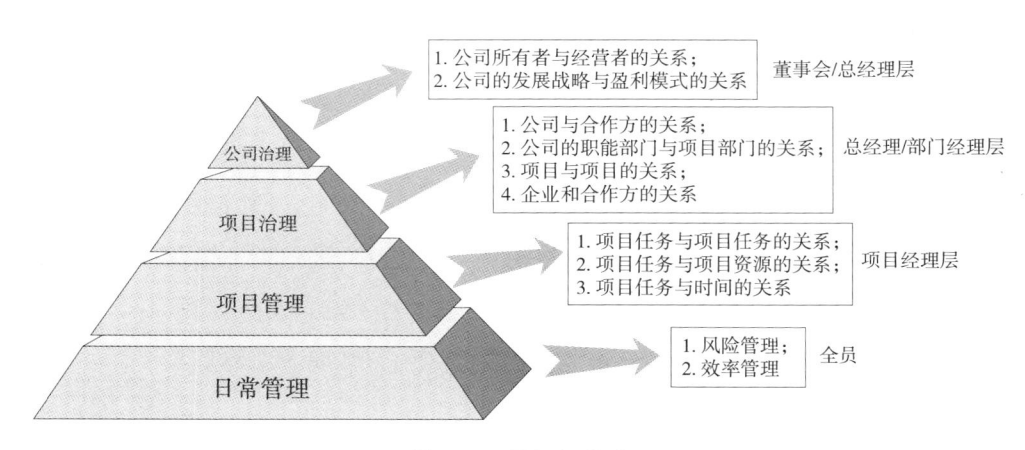

图25 项目组织体系

31 项目里程碑的地位

福特汽车公司的老板亨利·福特曾写了一本叫《大管理》的书，在这本书中，他说一个追求上市的企业会丧失企业家精神。为什么会这么说呢？因为一个企业上市以后，企业的很多决策将会按照股价的走向来进行调整，企业家的创新精神会在很大程度上受到限制。任正非之所以能够说华为"28年只对准一个城墙口冲锋"，华为之所以不像其他公司一样在美国的打压之下改弦更张，除了华为自己的技术实力、领导人的战略思维和坚定意志，华为没有上市是一个很重要的因素。这样才能走自己的路，才能按照自己的节奏来制定策略。

企业在经营过程中同样需要有足够的自主权来把握经营的节奏。创新对一个企业来讲主要是为了推出新产品以满足市场新的需要。对企业来讲创新并不稀奇，能够实现可控的创新才重要。企业需要在恰当的时机推出新产品，过了这个时间节点，效果就会大打折扣，时机是企业经营非常关键的东西，在错误的时机做了一件正确的事情，也是错误的。等待灵感的偶然出现或以"创新要容许失败"这样看似合理但无效的态度对待企业的创新是不行的。

在制订项目计划的时候，常常不能由现在能干什么推导出将来会出现什么，而是由市场什么时候需要产生结果倒推回来看现在应该做什么事情，这种似乎不符合科学逻辑的计划制订方式对企业而言恰恰是必须的。项目里程碑的含义实际上是成果兜底。虽然有时候我们把某些工作的开始时间叫作里程碑，但是里程碑最重要的含义还是交付，是什么时候产生价值、什么时候成果能够落地的问题。有了里程碑的成果导向，倒过来可以确定项目的范围，也就是确定项目要做哪些工作。这个过程并不是以项目范围为自变量、以项目成果为因变量，也不是以项目成果为目标函数、以项目范围为约束条件所做的决策。实际关系恰好相反，项目的成果应该是约束条件，必须要达到，而项目的范围是尽可能控制成本、减少成本、减少消耗等，也就是说项目范围是目标函数。项目范围将决定需要哪些资源，所以项目的计划实际上是一个倒推的过程，在实际工作中叫作倒逼工期的方法。这种倒逼是非常关键的，也就是成果导向。当然，这种项目计划制订的过程并不是简单地倒推，行政命令、政治的需要会和实现项目的科学过程之间进行博弈，也就是倒逼计划和正向制订计划之间会有不断地博弈和磋商，最后项目计划才能定下来。

决定里程碑的因素主要有两大类，第一类是从自身规划出发的里程碑。这一类项目如何确定里程碑首先要考虑企业经营的要求。企业是有经营节奏的，比如每年的5月1日都要放一个小长假，哪些产品必须在这时候推出来，过了这个村就没这个店，错过了最佳时机效果就会大打折扣。还有一些政治要求、社会发展要求方面的节点也可以归结为经营要求，这些是决定里程碑的规划性要素。另外，这一类里程碑也会因商业的外部要求而起。客户之所以成为客户是因为他们能够服务于我们的目的，当然我们也需要通过服务客户才能使客户愿意服务于我们的目的，这两者之间是彼此依存的关系，不存在谁为主谁为次的问题。尽管原动力是我们要达到目标，客观上是要客户来帮助我们，但只有彼此成为对方达到目的的必要条件时，这样的关系才是牢固的。因此，将客户需求的节点作为决定里程碑规划性要素是理所当然的。

除此之外，还需要根据项目生命周期确定里程碑。项目里程碑设定的重要性要大于项目生命周期的选择。换句话说，项目生命周期的选择并不重要，是瀑布型的还是螺旋型的不重要，里程碑才是重要的。但是里程碑有时候会根据生命周期的方式来确定，因为在生命周期的不同阶段主要的责任人不一样，项目的利益相关方是动态介入到项目中来的。因为不同的生命周期阶段主要的利益相关方不同，如果责任出现了交错，那么责任的主体或归属就比较容易出现扯皮的问题，所以在项目生命周期转接的时候要设置一个里程碑。

控制性的项目里程碑设定有两类。一类是风险要求，项目需要在重大风险出现的可能时点设置里程碑。以企业开例会为例，开会实际上需要花费很多成本，因为开会的时间占用了其他事务的时间，那么谁应该出席会议？谁可以不出席会议？如果每周开一次例会的话，上个星期有里程碑节点的项目或者下个星期有里程碑节点的项目需要成员出席例会，上个星期和下个星期都没有里程碑的项目就不需要出席例会。因为上个星期有里程碑的需要检查任务完成得怎么样了，下个星期有里程碑的需要检查准备得怎么样了。之所以在重大风险点设置里程碑是因为一旦风险出现，按照常规的方式无法应对，需要项目管理者在场下决定。另一类是有激励要求的节点需要设置里程碑。例如，该发钱的时候要设置一个里程碑，因为要让大家获得成就感。人是需要成就感的，里程碑的一大作用就是如此（见图26）。

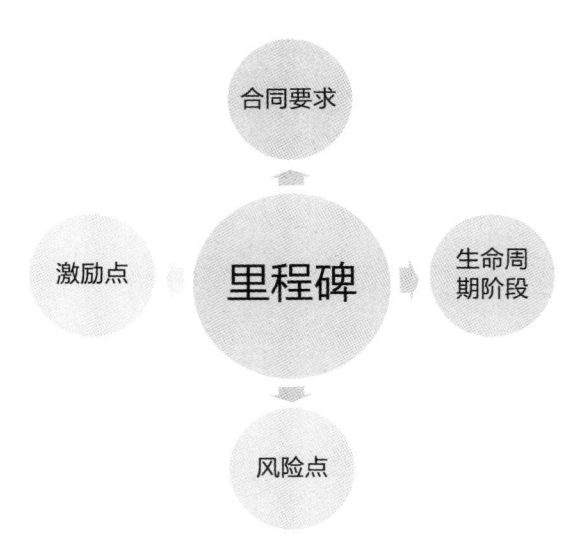

图26　里程碑设置的节点

有风险的地方和需要激励人员的时候要设里程碑，这两个地方也是项目管理者、项目领导者需要在场的地方。要让员工觉得只要有风险，管理者就会跟他们在一起；只要有好处，都是管理者给他们的。否则就丧失了管理者应有的角色，管理者也就得不到别人的重视和尊重。里程碑是项目计划的约束条件，资源、成本等只是项目在这些约束条件之上需要尽量考虑的东西。

　　管子认为"上失其位则下逾其节"，意思是上司自己放弃了应该占据的位置，下属自然就会借机越位。上司都很忙，但是，解决忙的方式是授权而不是连责任一起授给部下，否则部下就不会尊重上司。这个矛盾就是靠里程碑来解决的，上司与里程碑同在。俗话说"养兵千日用兵一时"，奉献只能偶尔为之而不能成为常态。类似地，"养官千日用官一时"也是成立的。平时部下很尊重上司，把上司举得高高的，也是为了在关键时刻上司能够顶得上去，承担应该承担的责任。里程碑就是这样的时刻。

第4篇

规避风险和管理关键

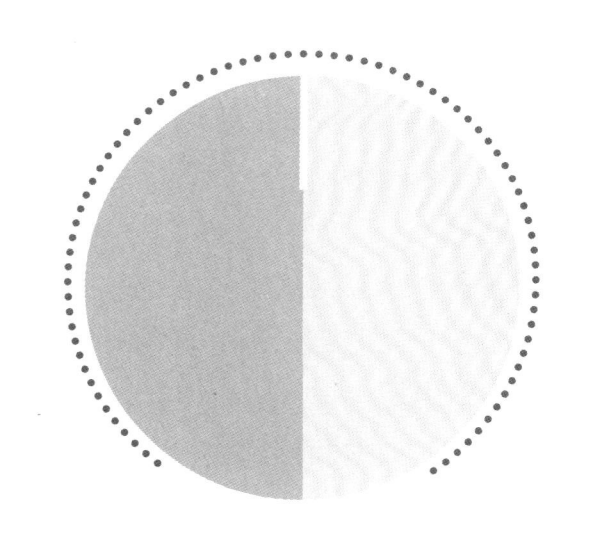

32 以工业化的效率满足个性化的需求

项目是针对临时性的、独特性的任务而言的，那么独特性、临时性的任务是不是就要按照独特性的、临时性的方法去应对呢？如果是这样，那么很多企业都难以承担起由此带来的成本增加。项目起源于独特的需求，但是管理的两大使命是提高效率和控制风险，那么如何来提高这种独特性需求的效率和可靠性呢？提高效率和可靠性，或者说提高效率、降低风险的最佳办法是复用，也就是重复使用。要想重复使用，就必须要做到标准化。这就存在一个矛盾：标准化的工作怎么能够满足独特性的需要呢？

生活中有很多可以借鉴的答案。蛇是很柔软的，但是蛇的每个骨节都是很硬的。人各方面长得都不一样，但是血型基本上可以分为四个大的类型。这给我们带来一个启示，标准化很难应对独特性，这指的是整体标准化，如果将整体细分并构件化，在细分的基础上进行组合就可能应对独特的需求（见图27）。所以，怎样解决以工业化的效率去满足个性化需求这个矛盾呢？就是整体上是个性化，但是从细化的单元角度来看，都是标准化的。只要细分到一定程度，都是可以标准化的，这叫作"魔鬼藏在细节之中"。

很多人认为一百多年前泰勒提出的科学管理理论体系（即泰罗制）似乎已经过时，他们在强调、鼓励创新，在强调激发大家的潜能，因为世界看不清楚，很难被标准化。这些理念固然没错，但是落实到具体操作层面，泰罗制依然管用，层级的组织依然管用，而且很管用。从宏观角度看，项目可以是自组织的，可以是无中心的，但是碰到一个个具体工作，到了具体操作的时候还是存在谁说了算

32 以工业化的效率满足个性化的需求

谁说了不算、怎么干才更有效的问题。项目整体上是"柔软的",但是每一个完成项目的工作部件是可以标准作业的,这样才可以达到以工业化的效率去满足个性化需求的效果。

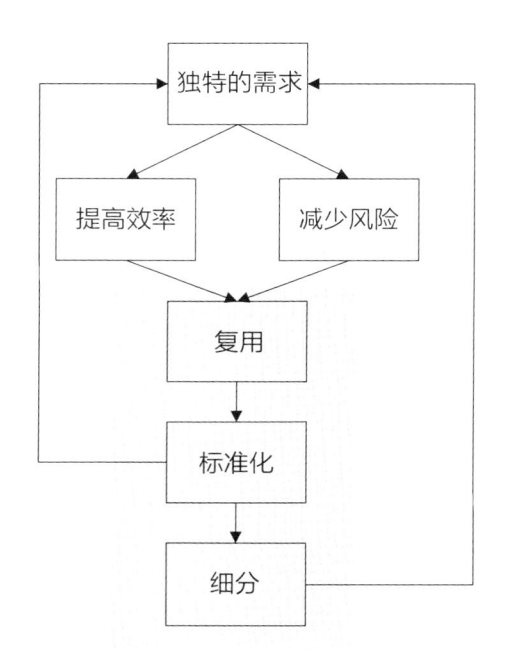

图27 以构件化应对独特的需求

亨利·福特在《大管理》这本书中讲到一个例子。几十年前,亨利·福特在福特公司做了一次调查,各项工作中将一个新员工变成熟练工的时间如下:43%的工作需要不到一天的培训,36%的工作需要一天到一周的培训,6%的工作需要一周到两周的培训,14%的工作需要一个月到一年的培训,只有1%的工作需要一年到六年的培训。福特公司是怎么做到这么快的呢?我们很多企业面临的问题是人来不了,来了又要磨合很长时间才能够胜任工作,而胜任工作后一旦离开别人又接不上。新来的大学生要几个月、半年、一年,甚至两三年才能独立胜任工作,可是还没有等到能够独当一面的时候,他们有可能已经跳槽走了,所以企业在人员管理上总是有一个逆差,很多企业成了培训学校。

福特企业为什么能做到79%的工作需要不到一周的培训就可以将一个新员

工变成熟练工呢？原因就在于企业知道当时工厂有7872项不同的工作。很多事情，当我们不了解的时候会认为它们是艺术、是迷信，当我们了解清楚的时候，它们就是科学。比如，张大千的画是非常漂亮的艺术品，但是如果我们用高像素、高保真的彩色复印机把它们复印下来，大部分人甚至是绝大部分人都看不出它们是原件还是复印件。那么，这样的复印制品是艺术的还是科学的产物呢？

2002年，IBM公司花21亿美元收购了一个由三个教师创办的名为Rational的小企业，而在同一时间其ThinkPad笔记本电脑卖给联想的价格只有12.5亿美元。Rational为什么会值21亿美元呢？因为它有一个产品叫RUP（Rational Unified Process）。虽然项目是不一样的，但是Rational认为完成项目的过程是可以统一的。RUP的统一过程中包含目的、步骤、输入、工件、角色、频率这几个核心概念。不同的人扮演不同的角色，他们会按照不同的场景依据标准化的工件和步骤组合起来，这样就可以应对各种各样的项目。

电影学院的学生，先要学形体然后演小品。小品就是一个个场景的组合。等小品演到一定程度以后，就可以演剧本了。小孩子练钢琴也是这样的，先识谱然后弹练习曲，也就是练习对于不同旋律的处理，当练习曲熟练到一定程度以后组合起来，看到谱子就可以弹奏了。IBM收购了Rational后，在RUP的基础上形成了自己的全球项目管理方法（Worldwide Project Management Methodologies，WWPMM）。这个方法分为三个部分。第一个部分是项目管理工作模式，是将项目分成40多种工作场景，规定了每一种场景下项目经理该怎么管理。第二个部分是项目管理知识领域，基于项目管理知识的角度，WWPMM划分了13个子域150多个项目管理流程来定义如何处理项目管理的细节。第三个部分是项目管理工作产品，它包含了项目经理在塑造和规划管理项目时，会使用的各种各样的文档的模板（见图28）。借助WWPMM能够大大减少在项目管理过程中的沟通成本。

为了提高项目管理的效率，企业需要根据不同的项目场景，设置不同的管理问题解决预案对员工进行相应的角色演练，这样在员工承担实际项目时可以根据预案迅速拿出解决问题的管理方案。预案大大降低了管理的成本。项目整体是独特的，但项目的每个工作单元都是可以标准化的。换句话说，项目是具有独特性的，企业在项目管理平台方面要有可复用的、标准化的支撑。只提供员工激励，只给予他们目标以及奖励和处罚而不提供企业平台的支撑是不负责任的，这样的做法掩盖了管理工作的实质。

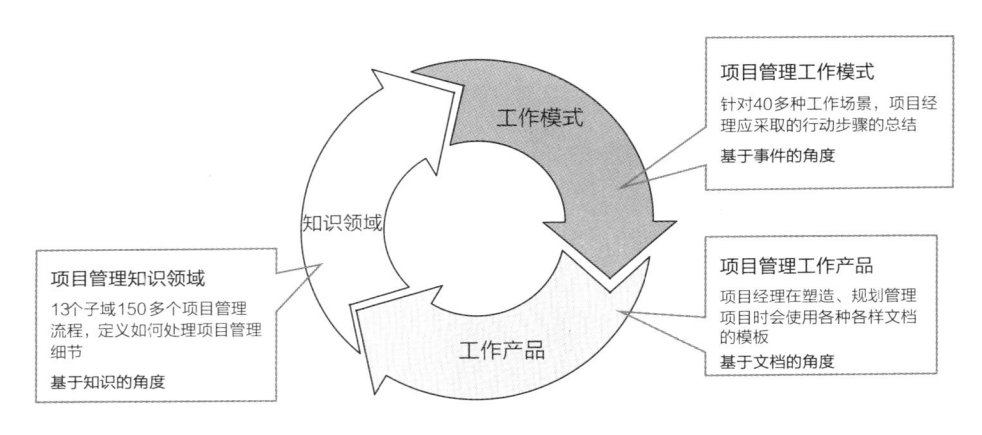

图28　IBM的全球项目管理方法

与工作的场景化相对应，人员的能力也需要做到角色化而不是笼统地用"综合能力"来表示。企业需要针对不同的场景、明确不同的角色，以及角色能力，要将这些能力封装且可度量化，然后对人员进行训练和认定。不训之师断不可战，人员训练不能只包括专业性的技能，还应包括各种工作场景下的配合方式，这样才能做到"来得了、干得好、走得成"，这才是符合项目本质的人力资源管理。

在不确定的环境下，人员的流动在所难免，不仅人员本身会因为更好的机会而主动流走，企业也会因为业务内容的变化希望一些人员离开。人来人往、新旧交错是企业人力资源的常态。但是，人走了，经验可以带走，知识却不能带走，否则企业就会在重复的试验中徘徊，风险会升高，效率会降低，有经验的人会越来越受到重视，但反过来，他们一旦流失对企业的损失也会很大。

检查单的作用就是为了解决这些问题，就是为了使员工个人的经验转变为企业可以复用的知识。人们常说，同样的问题在企业里不能再次出现，仅靠觉悟是很难做到这一点的，需要靠方法，这个方法就是检查单法。企业要创新，但在企业内部，同样的或本质上是同类的项目还是多数，在做一个项目前应该先按照以前同类项目的检查单过一遍，这样就会大幅降低同样问题再次出现的概率。如果出现新的问题，就将这个问题加入检查单中，以备今后的项目使用。有无检查单是判断一个企业是否是"暴发户"的重要指标，也是衡量一个企业是否具备"以工业化的效率去满足个性化需求"的能力的标准。

33 处理好项目一、二把手之间的关系

项目经理和项目副经理作为项目的一、二把手是项目管理团队的核心，如果两者之间的关系处理不好，对项目的危害是显而易见的。怎么才能处理好他们的关系呢？最主要的是解决好两者之间角色的定位，以及角色之间的连接问题。任正非说："正职要勇于创新，副职要精于管理。"这句话实际上反映了正、副职之间角色分工和工作重点的不同。

对一个企业来讲，利润来自盈利模式，而管理是为了以更高的效率、更可靠的过程来保证盈利模式的实现。项目（特别是合同交付项目）就像一个临时性的企业，项目的正职主要是服务于项目的盈利模式，项目的副职主要是服务于项目的管理机制，两者的配合就形成了一个内外协同的整体。盈利模式解决的是企业和外部的价值关系问题，当然对项目而言就是项目与外界各相关方之间的价值关系。也就是说，项目的正职主要的时间要花费在项目与外部利益相关方建立关系上，他们要发掘、证明和验证项目对外的价值，以及建立外部相关方之间的关联关系以更好地体现项目的价值，并且要通过交换将项目对外的价值转变为外部对项目的价值。管理机制解决的是企业对内的价值关系问题，项目的副职主要考虑的是项目和团队成员的价值关系，以及建立团队成员之间的关系，以实现这些项目对团队的价值，同时也是将项目对团队成员的价值转变为项目团队成员对项目的价值。

我们曾经说过管理者要有一个弱势心态，管理者要善于示弱，因为管理者、项目、企业要注重对外界做出贡献，而事实上只要是管理者仅靠自己的权力就可以办到的事情，一般对企业或项目外部利益相关方的贡献度并不大，对项目的正

职而言尤其如此。尽管项目的正职的级别看起来似乎比项目的副职的级别要高一点、权力更大一点，其实相对于贡献而言，项目的正职更应该是处于弱势位置的。因此，项目的正职更难做，而项目的副职反而有更多的指挥权，相对而言，他们是强者，是处于强势地位的。

但是如果项目的正职只是对外负责，那么他们凭什么能够成为项目的正职呢？他们又应该如何形成他们在项目中的地位呢？项目的正职对内的贡献在于资源的获取方面、在于对项目的副职工作环境的营造方面。要完成项目需要各种资源，项目的资源在哪儿呢？项目的副职虽然对内部项目团队成员有管理权限，如在工作分工、激励等方面有权力，但是任何激励都需要有资源，资源是项目的正职从外界争取而来的，有些是从企业的资源部门争取而来的，有些是从项目的外部利益相关方、从企业外部争取而来的。项目的副职的角色是利用好资源。虽然项目的副职在项目组成员方面有很多权力，但权力来自资源的交换，项目的副职权力的源头在项目的正职。如果项目的正职没有能力获得更多的资源（授权也是一种资源），项目的副职所有的措施就会变成"无源之水"。

换言之，项目的正职主要解决的是项目治理的问题，也就是要为项目的副职建立一个有效的、可管理的项目环境，而项目的副职的任务是在这个治理环境下开展项目管理，建立资源和任务之间的关联关系以便完成项目。因此，项目的正、副职角色和责任的区别是很明显的。项目的正职的责任较大，因为所有项目的价值都来自项目对利益相关方，特别是对项目外部利益相关方的贡献（项目对企业的贡献对项目而言也是对外界的贡献），而对外界贡献的业绩指标在谁身上呢？当然就是在项目的正职的身上。项目的正职的业绩是对外的，有业绩就有贡献，而项目的副职的责任体现在效率和风险方面，两者的责任范围是不一样的（见表1）。

表1 项目的正、副职责任范围的区别

项目的正职责任范围	项目的副职责任范围
盈利模式	管理机制
对外价值	对内关系
获取资源	用好资源

33 处理好项目一、二把手之间的关系

续表

项目的正职责任范围	项目的副职责任范围
项目治理	项目管理
业绩	风险/效率

项目风险管理有一个悖论：如果管理好了，风险就不会发生，但如果风险不发生如何证明管理得好？如果管理差了，风险发生带来了损失，但可能正因为出问题了，解决问题的人才有功劳。这个悖论有点像扁鹊三兄弟的故事：本领最大的大哥能够在人还没有发病的时候就看出发病的趋势，从而予以处置使病不发生，但人们认为他不会看病，因为他没有治过"病"。二哥在病人的病症刚刚发起时就及时加以治疗，所以人们认为他只会治小病。作为三弟的扁鹊是等到病人的病症明显、病情严重时才看出病来并进行诊治，人们反而认为他才能治大病。这种情况在现实中十分常见，人们常说的"问题导向"也容易加剧这一点。实际上，管理要走在问题的前面，但没有问题怎么衡量管理的业绩呢？

企业要善于在员工面前、在客户面前吃点亏，也就是老百姓常说的"吃亏是福"。企业最容易犯的错误之一就是对外和客户比聪明，对内和员工比聪明，其实谁也不傻，要小聪明反而会引起大损失。风险管理是要靠企业"养起来"的。风险管理注重风险过程的改进及其效率，其业绩评价是面向改进的评价而不是面向结果的评价。

项目的副职要比项目的正职被给予更多的权力而不是更大的权力。这里有个很有意思的辩证法：项目的正职因为有业绩所以要承担更多的责任，项目的副职可能干的大多是费力不讨好的工作所以会以权力来补偿。项目的副职跟项目组成员的联系比较密切，项目组成员对项目的副职贡献的认可就有可能会比对项目的正职要多，如果项目的副职在项目组成员中威信比项目的正职高，也必然出现项目的正、副职之间的矛盾。

项目的正职的主要精力花费在跟外界的关联关系上，如何才能打通他们与内部的连接呢？项目的正职在项目中出现在什么场合呢？企业的领导如果整天把时间花费在企业里面，企业就没有业绩，因为业绩来自企业和外部的关联关系。但

是如果项目的正职整天在外面，内部也会容易失去管理。所以项目的正职必须要有在项目中出现的场合，这个场合就是里程碑。

一般认为，里程碑是项目中具有显著意义事件发生的时间点。所有管理的概念和术语都是为管理的目的服务的。为什么要设立项目里程碑？它们也是为了项目管理的目的服务的，其中的一个目的就是项目的正职需要在里程碑的节点出现。里程碑有以下几点需要注意。

第一个是合同要求，这个很容易理解。第二个是生命周期阶段转折的地方，也叫作责任交接的地方。因为不同阶段的责任人不一样，不同阶段的利益相关方不一样，所以责任交接的地方需要项目的正职作为项目的代表出现。第三个是风险，尽管项目的副职主要对风险负责，但是如果项目的正职在有风险的场合不能出场、不能和大家共担风险和指挥调度，就意味着项目的正职不能和大家共患难。当风险发生时，常规的管理往往不适用，需要打破常规，项目的正职需要在这个时候出现才能发挥权力的作用。另外，还需要在激励员工的时候设立里程碑。要让员工感受到有风险的时候，项目的正职总是跟员工在一起；而有好处的时候，项目的正职也总是跟员工在一起。项目的正职需要让员工感到能够休戚与共，其他要跟员工打交道的工作留给项目的副职就可以了。项目的副职因为和员工朝夕相处，在亲切感、信赖感上比项目的正职有更好的基础，项目的正职需要弥补这方面的缺憾。

之前谈到"要把坏人留给制度，把好人留给自己"，虽然不能完全以此类比地说成"把坏人留给副职，把好人留给正职"，但是对内管理的责任是要留给项目的副职的。项目的一把手与二把手需要把角色分工及角色之间的连接定义清楚，只有做到这样，项目团队才能有基础的保障。

34 WBS是企业的重要资产

在某种意义上，每个项目里都有创新的成分。对企业而言，创新固然重要，但更重要的是控制创新的过程，因为企业需要在特定的时间推出特定的新产品或新服务。如果等待偶然的灵感或意外、不确定的反复试验等产生的创新，那么企业难以承担经济和时间的代价。经营企业时需要把握好适当的节奏，错过了时机，哪怕是做正确的事情，效果也会大打折扣。

创新的可控性来自什么地方呢？创新本身看起来似乎不符合逻辑，如果按照以往的逻辑正向推导是无法创新的，创新都是正向看不符合逻辑，得到创新后反向看又合乎逻辑。因此，从正向看，创新带有偶然性、需要依靠天才和运气，这些都是不可控的。可控的创新在本质上来自不断的改善，这是日本在创新上比较领先、企业比较先进的重要原因。在日本，かいぜん（"改善"之意）是人们耳熟能详的词。持续不断的改善，日积月累后形成的结果给人的感觉是创造出了新的东西。事实上，量变确实会产生质变，隔了几代后，产品确实会发生很大变化。换句话说，产品的创新和我们基础理论中突变性的创新完全不一样。在项目、企业中，研发其实主要不在于"研"，而在于"发"，在于发展，"发"的过程实际上是不断改善、积累和反复迭代式上升的过程。

基于项目管理的创新和成长，如图29所示。

项目管理知与行

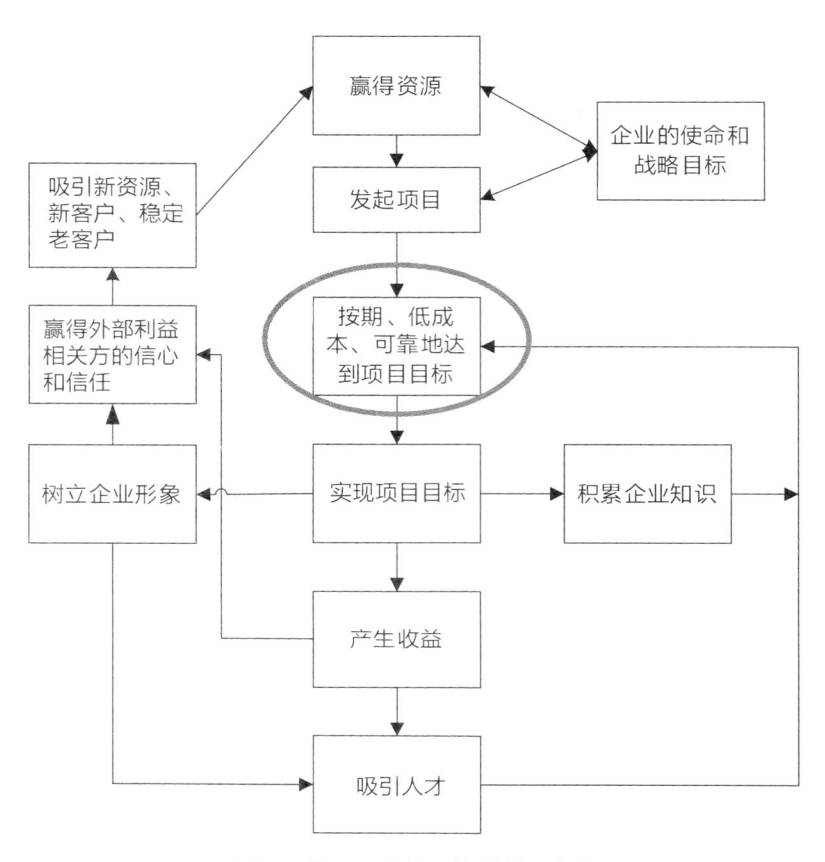

图29 基于项目管理的创新和成长

企业在确定成长的路径时，首先要有一个使命，也就是要有一个愿景和价值观，有了愿景和价值观后就可以去吸引资源了。当然，仅凭愿景和价值观吸引到的资源是很少的，刚开始可能并没有人相信，只能找自己的亲戚朋友帮忙。有了资源就可以发起项目，然后按期、低成本、可靠地实现项目目标。实现项目目标后，要产生三样东西：一是要产生收益，对企业来讲就是要赚钱；二是要树立企业形象，企业成功之后需要有故事，有了形象，顾客的信心和信任就会增加，吸引新资源就比较容易，也更容易稳定老顾客，这样就会形成更多的资源，有了形象、收益，就容易吸引人才，这样就可以启动和完成更多的项目；三是要积累企业知识，有了形象、收益才能够吸引人才，但这些人才依靠各自的经验工作并不会产生很好的集聚效应，还需要建立在由成功的项目积累的企业知识的基础上，

126

所以人才加上企业所积累的知识才能够更加有效地实现项目目标。因此，这样就形成了两个循环，由企业形象造成了一个外循环，因为获得外部利益相关方的信心和信任就会有更多资源；由知识积累形成了一个内循环，它能够使人员更有效率、更可靠地实现项目目标。

企业的成长是一个不断改善、演变的过程，而在不断改善、演变的过程中，工作分解结构（Work Breakdown Structure，WBS）的积累，也叫作"WBS字典"的东西就成了非常关键的资产。项目计划不是无源之水、无本之木，项目计划估算是怎么来的呢？不是根据个人的经验，而是根据对以往的项目的统计分析，基于企业的经验，企业的平台要把员工个人的经验转变成企业的经验。企业的经验建立在对以往项目的工作分解上，建立在以往项目计划中对时间等参数的估算是否得到验证上。如果这些估算得到了验证，就被固化下来作为以后项目的参照，如果没有得到验证，就要进行改进。WBS字典是项目计划制订的基本参考依据。WBS字典越详尽，包括的各种参数、假设越详尽，企业制订项目计划的可靠性就越强，对个人经验的依赖性就越弱。

福特汽车公司之所以能够做到79%的工作仅需要不到一周的培训就可以将一个新员工变成熟练工，并不是仅因为生产工作比较简单。即使是再复杂的工作，哪怕是做学术论文，分解到最后，也是一种八股的、套路的东西。企业想要不断地螺旋式上升，就需要积累个人的经验以形成企业的经验，从而形成企业的知识资产。由一个个独特的项目产生具有规律性的知识成果，将这些具备统计规律的知识成果纳入企业管理平台，再由平台支持独特的项目，这是一个对立统一的过程，是知行合一的过程，也是一个不断学习和修正的过程。企业积累的数据越多，未来项目计划的估算就越精确，所以WBS是企业项目管理平台的基础单元。WBS及其参数需要封装、进行版本控制和迭代更新，需要被固化下来，需要进行细分、标准化和复用。在一个项目中复用的成分越多，其可靠性越高，成本控制越好，效率也就越高。

企业需要增加无形资产。企业无形资产包括两方面，一方面是企业的形象，另一方面是企业所谓的"诀窍"，即专业技术（Know-How）。专业技术中不仅包括员工的才干（人才永远是重要的，不能否认人才的重要性），还包括企业知识。企业的成熟度越高，对个人的依赖性越弱，对企业经营和管理系统的依赖性就越强。这印证了管子的一句话："规矩者，方圆之正也。虽有巧目利手，不如拙规矩之正方圆也。故巧者能生规矩，不能废规矩而正方圆。虽圣人能生法，不能废法而治国。故虽有明智高行，倍法而治，是废规矩而正方圆也。"这句话的意思是，圆规和尺子是用来画圆和方的，人的手再巧、眼力再好，也不如用简单的圆规和尺子画圆和方画得好。虽然圆规和尺子都是人做的，但是人离开了圆规和尺子，就很难画好圆和方。

美国作家哈吉斯的《管道的故事》说的是1801年在意大利一个小村庄里有两个小伙子，一个叫帕普罗，一个叫布鲁诺。因为村里缺水，村长派他们两人到村外的水库里提水给村里的老百姓用，并给予一定的报酬，因此两人获得了一份能赚钱的好工作。可是干了一段时间后，帕普罗说："这样提水不行，我们应该修个管子把水引过来。"布鲁诺不同意，他说："我们赚钱赚得很容易，干得很好，找了个很好的工作，为什么要折腾呢？"他既不相信也不采纳帕普罗的意见。于是，帕普罗就自己行动，开始修管道。村里人也不理解，都嘲笑地称他为"修管子的帕普罗"。结果一年后，帕普罗的管子修了一半，他提水的距离就缩短了一半，一天可以赚的钱是原来的两倍。而布鲁诺也想多赚，所以就换了个大桶，一桶提的水是原来的两倍。可大桶很重，累得他腰酸背疼。又过了一年，帕普罗的管子修完了，他可以不用提水了，哪怕他去度假了或者生病了，管子都可以替他源源不断地输水赚钱。布鲁诺也不用提水了，因为已经没有人再找他提水了。企业需要把具有独特性的项目变成可复用的知识资产，要将项目管理由"提水"的过程变成"修管子"的过程。

企业的管理平台建得越好，项目创新就越容易、越高效、越可靠，而其中的关键基础在于积累、标准化、丰富化和复用WBS。

35 避免"扯皮"现象的动态责任关系

"扯皮"现象是企业或项目工作中常见的现象,特别是在任务不确定性较强、各种工作边界模糊的情况下,"扯皮"现象就容易发生。要解决"扯皮"问题,需要遵循"三落实"的原则,也就是任务落实、人员落实和组织落实。所谓任务落实,就是要"事事有人管",不能有事情没人管;所谓人员落实,就是要"人人都管事",人人都有责任,人人都有事情做,而不能人浮于事,滥竽充数;所谓组织落实,就是要"事事有保障,人人有支持"。没有保障机制和协作机制,仅靠将责任交付给个人是有风险的。有人承担责任并不意味着他们应该并能够担得起责任。

在落实责任的过程中,一种常见的方法是责任矩阵。它有两个维度。一个维度是项目的任务维,是根据项目的工作分解得到的;另一个维度是项目的利益相关方维。这两个维度相交的每一个节点构成了每项任务和利益相关方之间的关联关系。

在责任矩阵中,特别要注意的有两点。第一,每个任务都需要由一个利益相关方负责,而且只能由一个利益相关方负责。其他人可以参与这项任务,可以有所谓的"君臣佐使"多种角色,但是负责的人只能有一个。共同负责就意味着没人负责。第二,强调所有利益相关方而不仅仅是项目团队成员。换句话说,项目的责任矩阵实际上有三个层面:第一个层面是项目承担企业和外部相关方之间的责任关系,包括和顾客的关系、和供应商的关系、和政府部门的关系、和用户的关系等,他们之间的关系大多是通过合同来缔结的。第二个层面是项目组与所在公司的各部门、与所在公司的其他项目之间的责任关系。第三个层面才是项目组内部的责任关系。也就是说，如果项目生命周期有四个阶段的话，项目的责任矩阵基本上要有12个层面。

项目通常不是靠项目团队自己就可以完成的，内因是基础，外因是条件，项目实际上是由相关方协作完成的，只不过具体到落实上面，是项目组承担了很重的工作量而已。在以上三个层面的责任矩阵中，前两个层面实际上属于项目治理的内容，是为项目管理提供环境的。常规上讲，项目任务书是面向项目经理下达的，但是这种说法是狭义上的。项目任务书应该是面向所有项目利益相关方的：交给项目经理的可以叫作项目任务书；交给部门经理的可以叫作项目计划书或工作计划书；交给客户和供应商的可以叫作合同。虽然名称不同，但是都反映了一个共同的东西，就是项目不是靠项目组自己就能完成的，项目的每一个利益相关方都要按照一定的分工机制对项目承担责任。

在企业进行考核时总是有一些部门很难考核，而有一些部门很容易考核。前文提到大部分企业把部门分为赚钱的部门和帮着赚钱的部门两类。从流程角度来看，在流程中离赚钱越近的部门越容易被考核，因为它们的成果更具体、更好度量。因此，在考核过程中应该倒过来：谁离赚钱近、离成果近，就先从谁开始考核。比如，企业有甲、乙、丙三个部门，甲是项目部门，是赚钱的部门，乙、丙是帮着赚钱的部门。甲是在流程中处于最后一个环节的部门，所以应着先从甲开始考核。

假设甲需要完成一个五角星的任务，甲接受任务以后会怎么样呢？如果他说完不成，这个游戏就无法进行下去了，就需要调整其任务指标。实际上，没有完不成的任务，只有提供不了的条件，也就是没有谈不拢的生意，只有谈不拢的价格。甲接受这个任务以后，需要去谈条件，比如"你可以让我完成这个任务，但丙能帮助我完成月牙形任务吗"？如果丙帮助不了，那就需要重新修正甲的五角星指标，如果丙可以完成月牙形任务，但是需要乙提供圆圈加十字花的条件，那么就再看乙完成任务的可能性。乙同样如此，如果要让乙完成这个任务，那么甲需要提供十字花的条件，丙需要帮助完成绶带的任务。在整个讨价还价的流程中，如果其中有一个部门无法完成，那么就要重新讨论前一个部门的任务目标。

当这些东西都谈妥以后，就可以定下来哪些是考核甲的，哪些是考核乙的，哪些是考核丙的（见图30）。

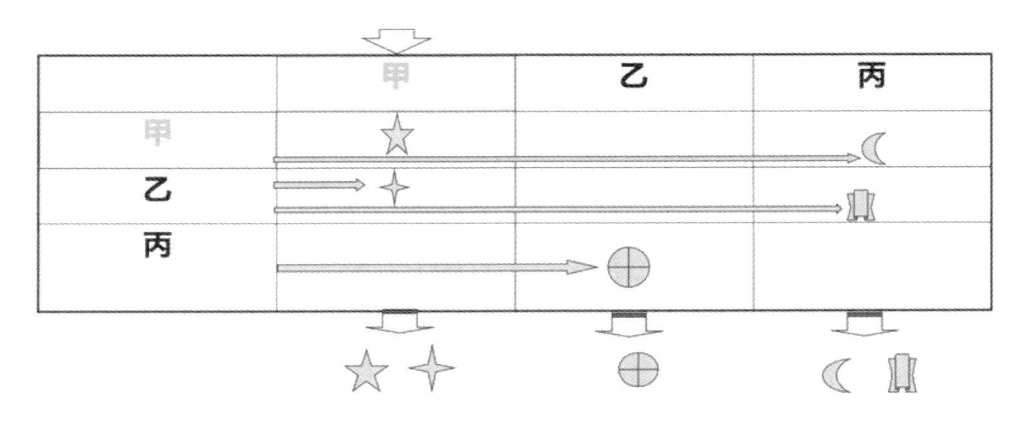

图30　企业部门与部门之间的考核关系

按照业务流程，后端是前端的顾客，前端是后端的供应商，由顾客考核供应商。在甲、乙、丙构成的这个矩阵中，甲对甲是内部的管理，乙对乙是内部的管理，丙对丙是内部的管理，其他方面都是甲、乙管理，也就是供需方面由甲、乙双方管理，这就是所谓的模拟内部市场机制，有了这个机制，部门与部门之间的考核就可以完成。这就是企业的部门和部门之间、部门和项目之间、项目和项目之间的看板管理。

在工作中我们经常听到"各部门下个月5日前将本月的计划报上来"，这句话隐含的意思是各部门是可以独立做计划的。但实际上，企业的各部门是有业务关联的，彼此之间是有密切工作关系的，企业需要将各部门召集在一起，按照流程讨论彼此之间的配合关系。计划是大家一起做的而不是分别做的，否则就会产生"积极怠工"这样追求局部最优但影响企业整体效益的结果。

以流程来防止"扯皮"现象的另外一个用途是项目和外界合同关系的建立。一提到合同关系大家就会强调甲、乙双方的需求和责任，包括权利和义务两方面，但实际上，每一个甲方的需求及权力都必须在乙方的责任中找到对应项，每一个乙方的需求也都要在甲方的责任中找到对应项，否则就没有人会对对方的权力和需求承担责任。此外，每一个承担责任的承诺背后都会存在不确定性，即风险，所以要针对每一种风险找出管控的规则。合同里要明确需求、责任和规则三个方面，并且把这些对应关系建立起来。这样的合同关系才能尽可能避免实施过程中的"扯皮"现象，才能做到管理走在问题的前面。

责任落实可以通过以下五个步骤来实现：第一步，按照生命周期来划分阶段；第二步，根据生命周期的每个阶段来确定其中的工作及工作关系；第三步，建立工作和利益相关方之间的责任关系；第四步，分析每一种责任关系背后存在哪些风险；第五步，制定风险管控的办法。要想避免"扯皮"现象的出现，不能仅简单地依据一个项目组内部的责任矩阵，还要处理好项目组和部门的关系问题，以及项目和外部相关方的关系问题，然后按照以上五个步骤来明确各自的责任关联。

解决"扯皮"现象的方式是细化流程而不是简单地指定责任人。我们可以用一套简单的流程来判断是否存在"扯皮"现象。在流程图中（见图31），每个任务框都只能落在一个部门的责任范围区域，如果某个任务框跨越了两个部门就会存在"扯皮"现象。

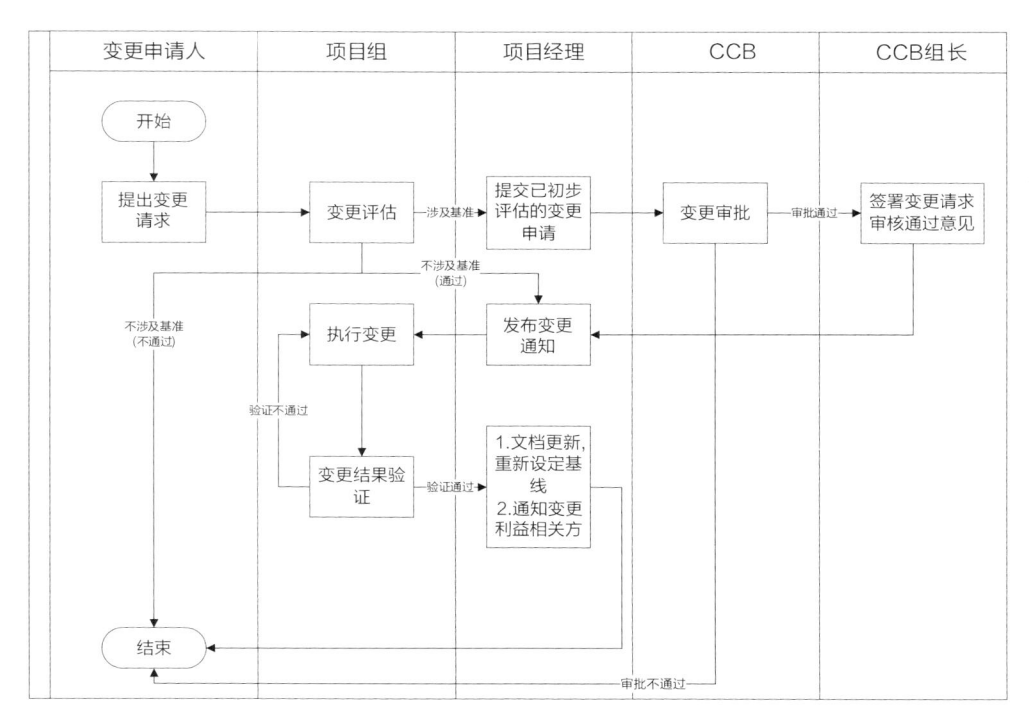

图31 判断是否存在"扯皮"现象的流程图

36 防止成本控制上瘾

只要一谈到成本，人们首先想到的是怎么才能最少地使用成本和最大限度地控制成本，但是控制成本会上瘾。曾经有一个美国航空公司，每天都会从乘客的餐盒里面拿出一颗草莓，乘客并不会发现有什么太大变化，仅仅是依靠这项措施，这个航空企业一年就可以节省几百万美元。这种成本"节约"的后果是什么呢？这次拿出一颗草莓，客户没有反应，于是下一次企业就想再从餐盒里拿出一粒花生米，结果客户的不满就爆发了，从此不再选择这家航空公司，最终这个公司破产了。

什么是降低成本？降低成本在某种程度上一方面激发了人类的贪欲，另一方面是在和客户比谁更聪明。这些对企业的前途而言都是很大的麻烦。有些人总觉得跟客户相比自己更聪明一点，实际上，做生意应该是尽量让自己显得傻一点，让客户觉得自己更聪明一点。过去，商家卖糖需要称重，称重有两种办法：一种是刚开始往秤盘里拿时多拿点，因为拿多了就要往外拿出一些；另一种是刚开始拿的并不多，后面往里加，甚至加到快要正好的时候，还再稍微加上一块。哪一种方法更赚钱呢？从秤盘里面往外拿的时候，客户在心理上已经把这些放在秤盘里的糖当作自己的了，尽管实际上这些糖并不是客户的，但往外拿的时候，客户总觉得是把他的东西拿走了。所以商家很精明，都是选择往秤盘里面加一点。

另一个容易被人们忘掉的事实是企业的钱主要是从外面赚来的而不是靠省出来的。所谓"省"，只有一种含义，就是减少浪费。在管理中一定要将成本和费用这两个概念区分开来，很多企业对它们不加区分，这是它们抓错主要矛盾的主要原因。什么是成本呢？例如，在买钢材时，是买国产钢材还是买进口钢材，国产钢材与进口钢材的价格不同，从而导致企业生产产品时的成本不同。其实，成本可以让顾客去选择，要进口钢材制造的产品是这个价格，要国产钢材制造的产品是另外一个价格。客户很聪明，他们会根据自己真正想要的东西来决定要选择什么样的材料。换言之就是，客户愿意为之付钱的部分就叫作成本。什么是费用呢？费用与管理水平的高低有关。比如，为做某件事开了十次会议，开会议的花销叫作费用；再如，因为估算不准，一次性贷款贷多了，就会产生一些交易费用，利息会变多，这种也是费用。客户并不愿意为费用花钱，也就是说，他们不愿意为理由不充分的、因管理水平不足而产生的费用买单，所以要将两者区分开来。我们重点控制的是费用而不是所谓的成本，不要让成本来背管理水平的"锅"。

管理的关键在于沟通，在很多项目中一提到沟通的方式就是指开会，其实开会是要花钱的，而且参会的人在开会期间不能去做其他工作，会议的成本往往高得超出我们的想象。因此，沟通的代价是管理费用控制的重点。我们既要高效地完成任务，又要尽可能减少无谓的沟通。很多人提倡开会要开短会，是不是有道理呢？不见得。因为有些事情必须要一次性谈透，如果谈不透，就需要反复。就像煮开水一样，煮到70度停下来，下次就需要重新煮才能煮开。为了降低沟通费用就要少开会，如果开会就要开透，这是减少沟通代价的方式。

提高沟通效率、减少管理费用的方法有以下三类。

第一类是建立共同语言。《创世纪》中说，古巴比伦要建一座宏伟的巨塔，叫作通天塔。刚开始时，建塔的速度很快，塔的高度马上就要抵达天空而占据了神的住所。众神很恐慌，就想了个办法，即让这些建造通天塔的人说不同的语言。因为语言不同，所以人们出现了很多纠纷和内耗，出现了很多误会和斗争，最终这个塔没有能够建成。经常有人疑惑要不要去考一个项目经理资格证书，疑惑的原因是他们在质疑这个证书有什么用处。其实有了这个证书并不能给项目经理平添很多能力，但是通过认证有一个基本的好处，就是在通过认证的人之间能够拥有共同的语言来表达一些术语和场景，这些共同的语言会减少很多误解，减

36 防止成本控制上瘾

少很多沟通上的浪费。

第二类是抓住联结点。漏水的情况通常不是出现在管子的中间位置，而是出现在管子接口的位置。若干年前，手机配备了可更换的、各种型号的电池，因此，不同手机需要各种各样的充电器接口，后来才慢慢开始采用USB接口，这样就大大减少了浪费。现在的接口越来越规范化，越来越少样化。虽然手机的功能多了，但接口的种类反而少了。很多管理工作也会在工作的交接方面出问题，会产生大量的时间等方面的浪费，因此要规范交接关系、交接的质量标准等，这是减少管理费用很重要的措施。

第三类是要工作场景构件化，不要事到临头再去商量和寻找解决办法，这一点我们之前已经讨论过。

在减少管理费用的过程中要特别注意时间的价值，尽量不要返工，返工是最大的浪费。精细化管理是很时髦的一种管理方法，但企业推行精细化管理的主要目的是否就是降低成本呢？恐怕不是，甚至其主要目的也不是降低费用。精细化管理的根本目的是增加客户体验。聪明的客户不会因为便宜就购买我们的产品，而是我们的产品能够满足他的需要甚至能够增加他的价值。比如，某女士去买包，她看到两个包，A包的各方面她都很喜欢，就是价格太贵了，B包除了个别地方不满意外总体还可以，价格也合适。考虑预算受限，该女士买了B包。买回来后会怎样呢？不喜欢的地方在心理上会被放大，最后该女士将B包束之高阁，反而造成了更大的浪费。聪明的客户是不会这样决策的，降低成本只是目标函数，而获得价值则是约束条件。他们会去创造条件、改造约束条件，而不会在约束条件之内对目标进行妥协。奢侈品有那么多人买，就是因为其附加价高。

在同等情况下，客户当然希望花的钱越少越好，但客户的根本目的并不是少花钱，而是以最少的代价获取更多的价值。成本不是一个自变量，也不是一个因变量，它只是由客户的需求到客户的满足之间的中介变量，明白了这一点，成本控制的策略就会发生很大改变。

37 置换而不是妥协

在项目计划或者项目执行的过程中会面临很多矛盾，矛盾的显现化会构成冲突，其中最典型的就是工期、质量和费用三者之间的冲突。如何解决这些冲突呢？是不是需要损失质量来获得利益，或者损失利益来获得进度呢？

在商务谈判中有两个基本的规则，第一个规则是不要接受对方的第一次开价。在商务谈判中，对方一旦开价就同意并成交的后果是什么？是双方都会后悔。卖方会认为应该多要一点，买方会认为应该还一下价。只要有一方觉得自己亏了，即便成交了，也会想办法在成交后的某个场合把自己认为的损失补偿回来。一时的困难过去以后，人们常常不知感恩。最优秀的员工其实并不是像某些成功学"鸡汤"所说的，那些接到上司布置的任务后立刻拍胸脯说没问题的员工。员工立刻拍胸脯回答说没问题，领导会怎么想？领导会觉得目标定少了，就会后悔，就会再给员工附加一些以前并不需要增加的工作任务。因此，员工要善于和上司谈条件，这是人性的弱点。谈判的效果是要让对方觉得自己赚了，而不仅仅是成交，所以不要接受对方的第一次开价。第二个是绝不让步，除非交换。不要让步，要交换才行。特别是在价格上一让步，别人就会怀疑原来的价格本身有很大水分。因此，让步、妥协的后果是反而会产生很多的不满意，也会给企业造成更多的浪费。

林语堂先生认为中国人智慧的核心是中庸。人们都认为中庸提倡妥协，其实不是。子思在写《中庸》的时候，人们认为这是一个实学，也就是在日常生活中很实用的一门学问，但这门实学要想发挥作用需要把握好以下三个要点（见图32）。

37 置换而不是妥协

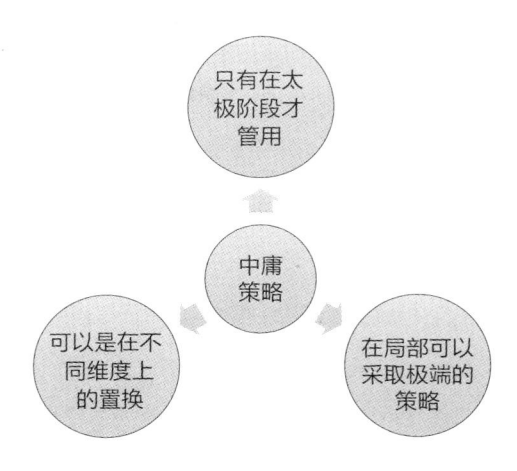

图32 采用中庸策略解决矛盾的三个要点

第一，中庸策略只有在太极阶段才管用。按照王宗岳的《太极拳论》，太极是从无极到两仪之间的一个过渡阶段，是采取行动的最佳时机。无极就是和谐，是指理想中的没有矛盾的阶段，是指人们没有意识到冲突的阶段。两仪则是已经分化为黑、白两种状态，矛盾造成的冲突已经很明显了。正如莎士比亚所说："要尽量避免和人引起争端，一旦争端引起了就要让别人知道我也不是好惹的。"矛盾已经很明显，冲突已经激化了，彼此之间的不信任感很强，特别是已经走到你死我活的零和博弈，采用中庸策略是很难的，因为彼此都没有存交换和合作之心。中庸策略的本质是亦此亦彼和非此非彼以外的第三种策略，这是儒家辩证法的核心。中庸并不是和稀泥，而是采用一种大家都能接受的策略或取得大家都能接受的结果。中庸不讲究胜负，讲究的是恰当，是大家都过得去。如果处在极端冲突时期，就需要将冲突放在更广阔的时空中去看，这样就会发现这只是局部的极端而已。所谓的"战略定力"就是要在更高维度的空间、更长维度的时间里看待事物的发展。

第二，在局部可以采取极端的策略。辩证法和诡辩的区别在于，辩证法尽管也认为运动是绝对的，但其承认绝对的运动中有相对静止的存在，而诡辩则只承认运动绝对性。既然承认运动是绝对的，辩证法就会否认绝对真理的存在，但因为其承认有相对静止的存在，辩证法也承认有条件的真理，而诡辩因为不承认相对静止，因此也就不承认有真理存在。局部的极端不仅同样符合中庸的思想，也是中庸之所以是实学的重要原因。父母教育孩子时需要一个唱红脸一个唱白脸，但不能同时唱。如果同一时间一个唱红脸一个唱白脸，小孩就会说"你们俩打去吧，我自己玩儿去了"，所以必须一个唱完红脸以后再来一个唱白脸的。中庸不排斥竞争，只是其目的不在于一城一池的得失，懂得中庸策略的人会利用局部的冲突促成整体的平和。"长痛不如短痛""小不忍则乱大谋"说的就是这个道理。

第三，中庸的策略是交换，特别是在不同维度上的置换。矛盾是因为在约束条件下不能满足目标函数的需要，也就是常说的"无解"。但对立统一原则是辩证法的基本原则，矛盾是事物发展的动力，在矛盾中找出解决矛盾的办法，促成矛盾中对立的统一，这本身蕴涵着中庸的智慧，也是管理者的责任。既然在现有的约束条件下不能满足目标函数的需要，那么就需要改变约束条件和/或改变目标函数，就需要有创造性的解决方案。这种方案来自不同维度之间的置换。

时间是最重要的交换筹码，是中庸策略中的"鲁仲连"，很多难以解决的矛盾都可以通过时间的交换得以化解。古时候，皇帝在碰到一些不好解决的问题时，会将提出问题的大臣的折子留中不发，现代有些企业高管碰到难以解决的问题时会"住院"，都是在利用时间这个关键变量。冯仑提出了一个解决公司高层决策中出现的谁也说服不了谁这种僵局的办法：这次你说了算，但下次再出现这种僵局时你就没有资格说了算了。这种策略同样是利用时间做交换，将一次博弈变成多次博弈，这样决策者就会考虑得更长远一些、更公平一些。中庸追求的是不败而不是必胜，换句话说就是"和局"，动态的结局而不是静态的绝对和局，这是最好的博弈决策。

很多人认为中庸就是八面玲珑，就是妥协，其实，中庸是严格甚至严苛的原则支撑之下的内刚外柔，只有坚定内心的原则和价值观才能有策略上的灵活机变。因此，八面玲珑不是无原则的妥协。置换和妥协是完全不一样的，妥协是一种结果，是达到某个可以成交但不满意的结果。而置换是方法，不是结果，是我们可以选择以达到满意结果的方法。项目管理强调利益相关方满意，但这种满意常常是动态的，这就是管理的"有残缺的美"。

项目管理中常常存在"金三角"（工期、质量、成本）之间的矛盾，其中典型的置换有以下几种。

第一种是以供货速度置换经济批量。在采购过程中，批发价比零售价低是常识，这里有一个"最佳经济批量"的问题，超过最佳经济批量，供货商才会降低价格出售商品，因为固定成本分摊的量越大，单位成本就越低。但是，项目都是独特的，项目供应链建设和生产供应链建设的理念不一样，项目的个性化的需求很多，要想达到一个经济批量很难，这就需要提高供货的速度，要以速度换价格，速度越快，价格就越高。资产和时间价值成了变革时代最重要的两个财务概念。麦肯锡的调查显示，晚六个月上市的商品，虽然费用控制在预算范围之内，但赚取的利润要比预计的少33%。而按期上市的产品，即使预算超过了50%，赚取的利润只比预计的少4%。人们愿意为速度而花钱，要增加供货的速度而不是像以前那样做经济批量，这是一个典型的置换。

第二种是以质量透明度置换固定价格。质量是透明的，价格就可以上升。信息只要不畅通人们就会往坏处想，特别是对临时性的、相关方之间首次合作的项目来讲，信任的代价很高，降低这方面费用会极大地降低成本，由此也就可以相应地用信任换价格。海南省有一家饭店的口号是"甩干海水卖海鲜"，就是用网兜盛海鲜的时候规定必须要颠三下，这个口号让客户觉得很放心，因此该饭店客流量就大了。在客流量增大后，该饭店的分摊成本就会降低。所以由质量的透明度造成的价格比黑箱造成的价格要高得多，因为人们愿意为安全感付钱，安全感也是有价格的。进度管理也同样如此。

第三种是以整体有效置换局部效率。弱势的企业不能像强势的企业那样工作，要集中优势资源解决问题，做到"伤其十指不如断其一指"。项目是通过临时性组织完成的，这就注定了其中隐含着相比于稳定组织的弱势。敏捷的关键是不断产生成果以增加各资源供给方的信心，而非不断产生创意。如果各个资源部门都站在自己的立场考虑问题，按照自己利益优先的顺序来制定对项目的投入资源和时间节奏，就容易出现因考虑局部的效率而损害整体效益的问题。

在工程建设项目中，有多个企业进入工地，有的是进行地基施工，有的是进行管道布线，有的是进行装修绿化，常常会出现一家企业完成后施工才能验收，但另一家企业进入后需要将上一家企业的工程拆除一部分才能施工的情况，这就会造成很多浪费。这同样是局部效率和整体效益之间的矛盾。这就需要采取以项目整体效益置换项目局部效率的方式，要将项目需要减少的浪费在相关企业之间分享，拆除得越少、重复施工得越少，相关方得到的分享就越大。这样，各企业才会主动考虑与其他企业的衔接，才会将这个项目与企业承担的其他项目综合起来，才能以增加价值而不是以分配的固定价值为目标。

竞争的目的主要在于分配价值，合作的目的主要在于增加价值。

38 沟通要有点"形式主义"

一谈到形式主义，人们都觉得是僵化的，是要受到批判的，但形式主义对减少管理沟通中的常见问题起着非常重要的作用。

之前提到古巴比伦建通天塔的故事，神让人们说不同的语言，结果引起了人们之间的争斗和矛盾，所以通天塔没有建成。实际上，在日常沟通的过程中，说不行、写不行、又说又写也不行的沟通问题也不少。为什么现在对于《论语》有不同的解读？这是因为孔子当年述而不著，所以孔子的弟子就把他的话记载下来，这就是《论语》的由来。但是当时记载比较困难，没有录音设备，还需要在竹简上雕刻，所以能不写的就不写。孔子在什么情况下说的，当时的语境是什么样的，并没有完全保留下来，所以就导致很多话丧失了判断其正确与否的前提条件。每句话都有其语境，忽略语境而只看到话就会出现很多问题。

比如，有句话是"我没说他偷了我的钱"，这句话是什么意思呢？可能有很多种意思，第一种意思是可能是别人说的，我没说。第二种意思是我说了吗？没说。第三种意思是有人偷了，但我没说是他。第四种意思是他可能拿了我的钱。第五种意思是他可能是偷了别人的钱。第六种意思是他可能偷了我的其他东西。同样一句话，有多种意思，能说清楚的不一定能写得清楚，能写清楚的也会有很多误解。

在沟通中有一个所谓的"信息漏斗"，就是当我们想说100%的话时，实际上说出来的只有80%，别人听到的只有60%、理解的只有40%、记住的只有20%。在企业里面经常听到"我都跟你讲多少遍了，你就是记不住"这样的话。

为什么记不住呢？管理的对象是正常的人，正因为我们每个人都是正常的人，所以我们都有正常的人的局限。

不同的人生活在不同的生活场景中，立场不同、眼界不同，看到的东西自然也不同。比如，夫妇二人在逗躺在儿童床上的小孩时，会在孩子的头顶上悬挂几个小动物玩偶。夫妇二人可能会觉得小孩玩得很开心，但是从孩子的角度看到的是什么呢？他看到的只是悬挂的小动物玩偶的反面在转而已。

客观世界有没有这样的情况呢？应该是有的。我们看到的世界都是从自己立场和认知的角度看到的，没有两个人看到的世界是完全一样的。所谓的"统一思想"更多的是统一认识、统一看法和统一原则，思想是不可能完全统一的。盲人摸象在实际工作中是非常自然的一种现象，盲人摸到的是真真切切的大象。只不过相对于明眼人摸到的更局部，可是即便是明眼人，又有谁能同时看到完整的大象呢？

这种认知和立场带来的局限性体现在组织机制中就是上下级之间有沟通的缺口，领导有些东西不告诉下属，认为下属没必要知道那么多，把自己的事情干好就行了。信息也是权力的来源，信息的不畅通会给人们造成一定的压力，这是使用权力的一个窍门。除上下级之间有沟通的缺口之外，部门之间也会有沟通的缺口。财务部门的人总觉得财务很重要，市场部门的人总觉得客户很重要，运营部门的人总觉得成本很重要，干哪一行就会强调哪一行，这些都是正常的，在没有出现问题时这种情况是常常被鼓励的。当然，一旦出现了因局部效率影响整体效益的情况，人们就会说这种现象是"本位主义"。

层级之间的缺口加上专业领域的缺口造成了"运作的孤岛"，企业的各个部门各个层级就像一个个孤岛一样在运作（见图33）。"运作的孤岛"会出现追求局部的效率而不是实现整体的有效，会产生主观上积极、客观上消极的"积极怠工"现象。企业中人人都希望企业好，但客观上有的人对企业成长可能造成了危害，这是人的固有属性也就是人性造成的。如何避免这种"运作的孤岛"现象呢？这就需要走走"形式主义"，要靠规范的、标准化的沟通来减少这类现象的发生。

38 沟通要有点"形式主义"

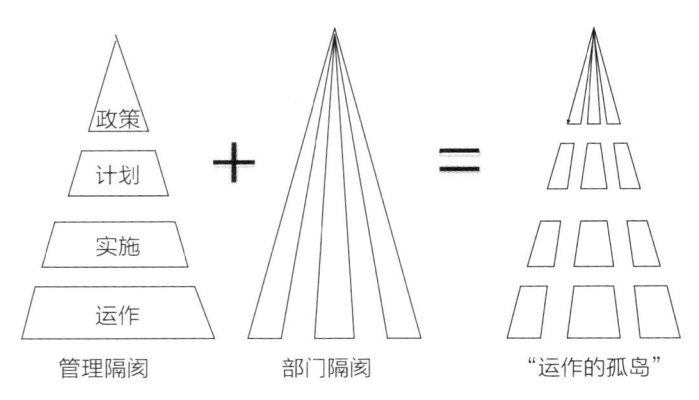

图33 企业上下层级与专业分工造成的"运作的孤岛"现象

规范化、标准化的沟通有以下三个好处。

第一个好处是能够降低因个人经验不足所带来的风险。飞机的安全性是非常重要的，经常坐飞机的人可以发现在安全检查的时候会有一种情况，乘务长会通知"乘务员各就各位，两门交叉互检"。为什么要交叉检查呢？就是因为假如自己关自己的门，可能会习惯性地认为已经关了，但实际上没有关。这和自己写的文章有些错误检查好几遍也检查不出来是一个道理。军队中要重复命令也是这个道理，都是为了避免在信息传递的过程中出现问题。为了降低因个人经验不足而带来的风险，最好的办法就是企业要将检查事项表单化，要有检查单（checklist），工作时要对照检查单一项一项地进行。检查完后，类似的错误就没有了，如果再出现新的问题，就把新的问题加到检查单中去，下一次再按照检查单一项一项地检查。这样才能做到"同样的问题在公司里不会再次出现"，仅靠大家的自我意识是做不到这一点的。检查单是企业很重要的资产，特别是对临时性的项目而言，人员流动性大，但人可以流动，经验必须留下。

第二个好处是可以通过统计来寻找规律以提高项目估算的准确性。如何判断一个企业管理得好不好？有人认为要去看厕所收拾得干净不干净。当然看厕所是一个方面，但是要判断管理水平的高低仅靠看厕所是不够的，还应该看管理者在写报告时是用Word还是Excel，也就是要看企业汇报的东西能不能结构化、标准化、数字化。如果能够做到结构化、标准化和数字化，就意味着企业管理已经能够看到事物表象后更深的层次。项目虽然是临时的，但是企业是长期存在的，企

143

业的成长需要不断地积累知识和复用知识，标准化后就会得出统计规律，估算就会更加精确。项目都具有独特性，但对一个企业来说项目的种类就那么几个，它们之间的差别只是具体参数的不同而不是本质的不同。下一个项目在开始前就需要查看上一个项目的总结报告，在遇到里程碑节点时需要参照上一个同类项目的里程碑报告，这样反复迭代后估算就会越来越准确，风险防范就会越来越主动。在启动会议报告、里程碑报告、总结报告中有些栏目是一样的、标准化的，这样的迭代才是PDCA（Plan，Do，Check，Act）循环。

第三个好处是可以通过标准化的沟通减少人际矛盾。"把坏人留给制度，把好人留给自己"是管理的基本原则。必须要通过责任追究的程序化方法，利用规定的程序把项目的问题找出来。换句话说，当项目的问题是由程序发现而不是由某些人发现时，这样的问题就比较容易解决。一旦问题是由某些人首先提出来的，就容易陷入人事斗争，管理就会陷入无休止的责任辩解之中，管理就会越来越复杂（见图34）。

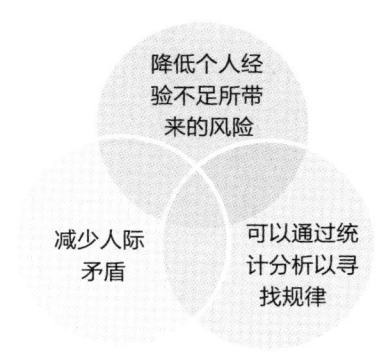

图34　采用标准化沟通的好处

沟通是管理中非常重要的部分，要减少"信息漏斗"这种人的自然属性和"运作的孤岛"这样的社会属性的影响，就必须要采取"形式主义"的方式，这样才可以降低个人经验不足所带来的风险，可以进行统计分析，可以减少人际矛盾。因此，检查单、数据的标准化和责任追究的程序化这三点至关重要。

39 开会是管理者的基本功

每个人都参加过大大小小的会议，管理者需要通过会议来传达精神、布置任务、检查落实。会议开得是否有成效、能不能开一个有效的会议都反映了管理者的管理能力。如果我们觉得项目管理体系比较难建，那么抓好项目例会也能解决相当一部分问题，特别是对于小企业、小项目来说，抓好例会能解决大部分问题。例会起的作用会大于那些烦琐的管理制度。

要使会议开得有成效，第一个要点是要设定明确的会议目的。很多人将例会当作日常工作，但即便是日常工作也需要设定目的。如果不事先设定会议目的，就会有人替我们找出目的。员工工作没干好，老板的训斥常常会产生两败俱伤的结果，而且公司的损失会更大。

会议不能只谈项目的目的，也不能只谈公司的目的，还不能只谈工作的目的。公而忘私大多会带来不良后果，往往是公私俱败。很多人往往只能听到、听进去自己想要听到的东西，要把自己的目的、项目的目的隐含在听众的目的中间，要说他们感兴趣的事情。人们做项目大多不是为项目来的，而是为自己的目的来的。很多企业老板开会时大谈企业要发展，员工却依然在下面玩手机，这就是没有将公司的发展与员工的利益关联起来。更有甚者，公司的发展反而会对员工造成威胁，公司越发展员工被淘汰的可能性越大，损失越大，这样的企业怎么能够指望员工努力工作呢？

要根据目的及早确定会议的议程，要让参会人员有所准备。不需要准备的会议往往是没有必要参加的，给大家一份会议纪要就能达到效果，以免浪费别人的工作时间。

另外要注意的是，一定要按时开始会议和按时结束会议。如果会议都不能按时开始和按时结束，那还怎么指望项目正常进行。文化和习惯是在潜移默化中形成的。有时候开会要等一些晚到的人，但等那些晚到的人到了再开始会议就等于惩罚了早到和按时到达的人。应该让晚到的人产生损失才是有效的管理。个别会议晚到者，究其最主要的原因也并不是因为他们繁忙，而是一种潜意识中的"越晚出场越重要"的思想在作怪。追求这种"仪式感"的会议一般都很难令人畅所欲言。在这种会议上宣布一些事情可以，但讨论一些事情往往达不到目的。项目例会常常需要讨论事情，这样的官威不仅没必要而且会起到反作用。

很多会议不能按时结束，会议延期并不是因为碰到一些难以决定而需要慢慢讨论的问题，而是在汇报工作进展时人们将其当成业绩表彰或责任推卸大会对待了。会议规定每个部门发言十分钟，结果第一个部门用了十五分钟，第二个部门觉得自己用十分钟好像做的工作不如第一个部门做得多，因此用了十八分钟。领导，尤其是大领导随意插话而不是在别人讲完了以后再提问，造成会议时间延长的问题更加严峻，上午的会议开到中午，常常会占用吃饭时间甚至将会议延续到下午。这种风气带到项目中去，会造成项目延期。如果项目不延期大多是因为其中有了偷工减料的成分。其实，五分钟内说不清楚的事情给我们一个小时也未必能说清楚，说不清楚是因为我们没能真正理解，没能把握住工作的关键。上面我们谈论过，管理者要善于"把坏人留给制度，把好人留给自己"，控制会议进程可以交给技术人员来处理，一到发言截止时间就关掉音响，没讲完的人就会很尴尬，下一个人自然就小心了。开短会不是讨论小议题可以实现的，最重要的是抓住主要矛盾，而不是眉毛胡子一把抓。准备工作需要放在会前，因为会议的成本是很高的。

每次的例会不仅要有目的，也要有结论，哪怕是局部的结论、阶段性的结论也比议而不决要好。不能借着开短会的名义半途而废，每一个话题都一定要谈出结论来，而且要记录在案。会议中常常是讲真话领导不愿意听、讲假话群众不愿意听，因此一些"决策者"开始讲废话，讲一些道德正确、道理正确的废话。

决策者变成了成功学的鼓吹者,变成了"办法你去想,我要的是结果"的唯结果主义者,变成了不承担责任的"负责人"。结论就是责任,而且集体负责的效果远不如个人负责的效果。民主是基础,集中是结果,很多人想成为管理者但不愿花费时间和精力去管理,很多人想成为决策者但不愿也没有能力去承担决策的责任,这是值得企业警惕的。在管理工作中,特别是在像项目这样具有独特性和风险的工作中,任何决策都存在缺陷,决策就是在得失之间取舍,不承担责任的人是不能做好项目管理工作的,也不能成为决策者。

要形成管理的闭环,项目例会还应该有一个环节,就是将会议的结论落实到某些个人身上,这样可以在以后的会议上检查落实的情况。参加会议的人不要太多,最好是每个参会的人都有自己承担的责任,要么是领取下一次的任务,要么是部署下一次任务,要么是汇报上一次任务的完成情况,仅仅是去鼓掌的人没有必要参会。尽管有些管理者喜欢人多的感觉,但这些人参会就跟街头看热闹的人差不多,他们起到的作用是负面的。旁观者、评论派多的项目绝不是一个好项目。

40 将项目变更变成企业成长的环节

项目是独特的也是充满不确定性的，正因为如此，"计划不如变化快"就在所难免。项目的计划必须包含假设将来是确实的实施性计划和假设将来是不确实的控制性计划两部分。一些项目在做计划时轰轰烈烈，但很快就会由于变更将原来的计划搁置一边，就是因为它们只做了实施性计划而没有做控制性计划。

没有变更的项目几乎是不存在的，变更管理做得好不好在很大程度上能够反映企业项目管理水平的高低。敏捷管理实际上就是利用了变更，是把变更对项目的负面影响转变成对项目的正面促进。管理追求的不是"惊喜"而是"可控"，如果能够做到可控，变更会变成项目不断改进的动力，而如果变更大多出于意外，则会使项目成为"一地鸡毛"，会将一手好牌打得"稀烂"。

项目变更管理需要把握好以下几点。

第一，项目变更过程要严肃化。计划做得再好，在实施过程中也无法避免变更，所以在变更之前制订好变更计划就尤为重要。目前，很多企业都把变更管理作为项目实施阶段的一类叫"见招拆招"的活动，但实际上变更管理应该作为计划的一部分。没有对变更进行控制的"计划"是设想而非计划。变更越容易，大家在做计划时就越不认真，计划的严肃性就越差；变更越困难，大家在做计划时就越认真，计划的可靠性也就越强。人们都不愿意去做相对麻烦的事情，在项目中亦是如此，所以在项目计划中要制定规则，使变更变得很麻烦，大家才会重视项目的计划。

正如管子所说："凡赦者，小利而大害者也，故久而不胜其祸；毋赦者，小害而大利者也，故久而不胜其福。"这句话反映的是局部效率和整体效益的关系。为了缓解城市交通拥堵，很多地方都采用了一种叫作"轻微交通事故走快速理赔程序"的方式，即如果两辆车发生了刮擦，损失在5000元以内，可以走快速理赔程序，现场拍照报保险公司，然后挪车离开，否则交警来了之后要另加处罚。日常生活中造成堵车现象的一个很重要的原因是随意变道插队，这个现象可以用"统计波动"来解释：当前车刹车时，后车会紧急刹车，假如说这两者之间的时间偏差是T；当前车起步的时候，后车不会同步起步，假如说这两者之间的时间偏差是S。通常，S会大于T，这种偏差的累积会造成堵车。插队的车辆多了，前后车起步的时间与刹车的时间差的累积就会很大，堵车就会严重。相当于我们在路口等信号灯变绿，前面等待的车越多我们的车起步越晚。也就是说，堵车严重的原因除道路设置不合理外，还有刹车和起步造成的时间偏差累积这个原因，而变道是造成刹车的一个很重要的原因。刮擦事故大多数来自强行变道，这个事故看似并不严重，但是如果处理过程很简单，随意变道就会更容易发生，从而导致交通拥堵，重大交通事故也会更容易发生。如果因变道造成的刮擦事故处理起来很费劲，人们就会尽量避免这类事故的发生。项目变更也是同样的道理，复杂的变更程序可以提高计划的严肃性。

第二，要小心"绑架"领导的现象。在项目中，某个人的工作需要变更常常需要向分管他的领导汇报，而领导由于与其利益立场一致一般会同意变更。如果这位领导决定不了，他就需要向分管他的上级继续汇报，同样地，领导的上级因为与领导的利益立场一致，所以也会同意变更。这样层层向上直到相当高的级别做出同意变更的决定之后，哪怕是总经理想否决这种变更也不是很容易了。这就是项目中利用变更"绑架"领导的现象。因此，在变更过程中不能直接靠领导来决定，而是需要建立一个中立机构来做判断，这个机构可以叫作变更控制委员会

（Change Control Board，CCB）。变更控制委员会站在整体效率而非局部效率的立场做判断，减少不必要的变更次数。

第三，抓好配置管理。项目并不是由项目组自己完成的，而是由供应商、分包商等项目利益相关方与项目组配合完成的，项目计划的制订也是由项目各利益相关方一同来完成的。在制订原始项目计划时，需要各项目方的一致认可，因而当项目计划需要变更时，这些相关方也会受到不同程度的影响，所以就要抓好配置管理（Configuration Management）。配置管理一词来源于计算机操作系统的设置，其目的是减少计算机软/硬件在地址占用等各方面的冲突。众所周知，人体器官移植手术中，最容易出现的问题就是病患出现排异反应。同样地，项目变更相当于在一个原本和谐的系统中植入了一些本不属于该系统的"器官"，所以必定会出现排异反应。项目相关方中的某一方做出变更，必然会引起其他相关方的变更，配置管理就是要获取其他相关方对于变更的认可，使项目的各利益相关方按照统一的版本进行变更。不能不考虑其他相关方而独自做出变更。

第四，变更要经过验证形成闭环。项目变更是必然的，没有变更的项目是理想化的项目，我们要把变更变成一个企业成长的螺旋推动力。变更需要经过验证这一过程。首先，变更要得到变更控制委员会的批准才能实施。其次，变更实施之后要评估其是否达到了预期效果。如果没有达到预期效果，下一次这样的变更就难以再得到批准；相反，如果达到了预期效果，就要考虑是否直接将企业的操作方案更改过来作为以后项目计划的依据。这就是持续改进，这样就可以使无法避免的变更变成了可以帮助企业成长的机遇（见图35）。

最后还有一点就是能不变更的就不要变更。要尽量减少不必要的变更，因为一个变更会引起太多的连锁反应，总在变更的东西实际上没有计划的必要。我们鼓励创新，但是"过度的创新"和"为创新而创新"的现象值得警惕，环境变化不是我们做出变化的必然理由。

40　将项目变更变成企业成长的环节

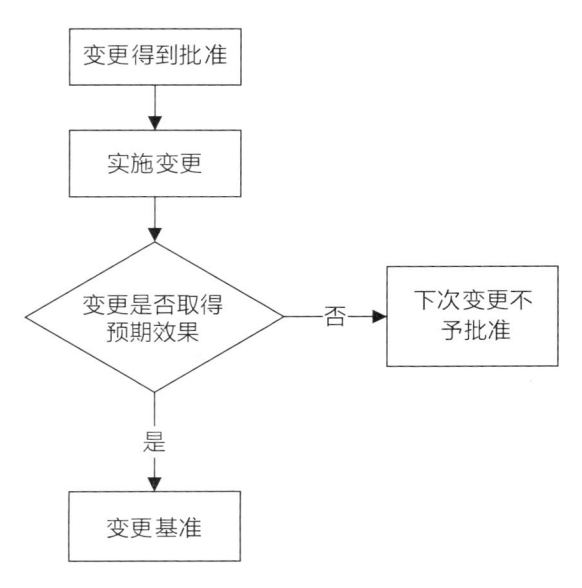

```
变更得到批准
     ↓
   实施变更
     ↓
变更是否取得预期效果 ──否──→ 下次变更不予批准
     │是
     ↓
   变更基准
```

图35　变更管理的基本流程

41 减少项目风险的"遗传病"

在大部分人眼中，风险来自项目实施过程中资金、技术等方面，以及天气、政治环境等外界不确定的因素，但实际上对项目来讲，一些风险在项目启动之前可能就存在了，这种风险可以称为先天性的风险，而在项目实施过程中遇到的不确定性因素，则是后天性的风险。

一个人的健康状况和寿命长短，既受后天生活方式的影响，也受先天遗传因素的影响，当然还有其他一些不确定的因素。我们在比较这三类因素时会发现，我们自身无法决定的先天性影响因素占相当大的比例。世界卫生组织报告指出，健康与长寿取决于下列因素：自我保健（占60%）；遗传因素（占15%）；社会因素（占10%）；医疗条件（占8%）；气候因素（占7%）。但也有专家研究认为，百岁老人的长寿原因中遗传占了70%，人到了40岁以后遗传的作用开始凸显，随着年龄的增长遗传因素起的作用也越来越大。项目同样存在先天性的遗传风险，这种风险需要引起我们足够的重视。

管子曾经指出"计必先定于内，然后兵出乎境"，《孙子兵法》里也谈到"胜兵先胜而后求战，败兵先战而后求胜"，这些观点都是要求我们先把内部的事情做好，即"先为不可胜，以待敌之可胜"。只有我们自身先立于不败之地，才能战胜外敌。内因是根本，外因是条件，外因通过内因起作用。这句话虽然简单，但实际做项目的时候被大多数人忽略了。

我们能解决的困难叫作问题，不能解决的约束条件和客观条件叫作环境。对于项目管理来讲，环境属于治理方面的问题，而我们能解决的问题属于管理的范

41 减少项目风险的"遗传病"

畴。很多人认为项目成败的责任主要由项目经理来承担,风险也主要由项目组来承担。其实不然。企业有盈利模式和管理机制,首先要做正确的事,然后才能把事情做正确。我们不但要考虑项目管理,还要考虑项目的治理问题。

什么叫作管理和治理呢?这两个概念很容易混淆。管理是计划、组织、指挥、协调、控制;治理是设定目标、确定策略、信息披露及过程监督,这两者并无实质性的区别,但对项目成败而言,两者又有不同的作用和责任范围,我们有必要将这两者区分开来。有一个简单的分类办法可以区分项目管理和项目治理:在项目经理权限范围之内的管理活动是项目管理;在项目经理权限范围之外,但对项目管理会起到条件限定和影响的管理工作则是项目治理。管理就是治理、治理就是管理,但对不同的人来讲,管理和治理的范围不同。如果一个普通员工担任项目经理,则他所面临的大部分问题都是项目治理的问题;如果一个总经理兼任项目经理,则他所面临的大部分问题都是项目管理的问题。项目治理决定了项目成果的"受孕",项目管理则决定了项目成果的"诞生"。

项目治理决定了项目的先天的遗传风险,也就是说项目诞生以前的、利益相关方之间的需求关系和游戏规则属于项目先天风险范畴;而我们常说的项目管理则面向项目诞生以后的风险,即后天风险。并非所有的不确定性都是我们需要考虑的问题,我们能管理的才叫作风险,我们不能管理的不能叫作风险,因为我们没有能力承担这种责任。责任与能够承担责任的能力是成对出现的,而不是独立出现的(见图36)。

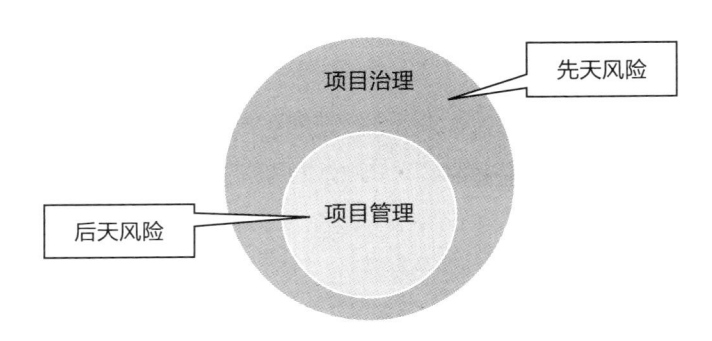

图36 项目治理和项目管理所带来的风险属性

什么是我们可管理的呢？技术看不见摸不着，我们无法管理，资金也一样，我们能管理的只有人的行为。人的行为受两个方面的影响：一方面是其个体属性，如技能、身体状况、文化水平等；另一方面是其社会属性，如在组织架构中的位置、职务、人际关系等。要解决个体属性带来的不确定性，需要选择合适的人。但是人的行为受个体属性影响并不大，最主要的还是受其社会属性的影响。人的行为需要与其所处的社会结构相匹配。例如，同一个人在五星级酒店吃饭和在路边大排档吃饭，其举止行为是完全不一样的。在项目失败的原因中，组织管理方面的原因要远远大于个体方面的原因。有太多的人强调人才的作用，却忽略了管理的价值和责任。生产力只有和生产关系相匹配才能有效发挥其作用，人才就是生产力，组织管理就是生产关系，有效的生产关系能够弥补生产力的不足，而且能够使普通人产生一群无组织的人才所达不到的绩效。这就是一百多年前，科学管理原理的提出者泰勒所说的："弥补低效能的办法在于有效的管理系统，而不在于某些独特的或非凡的人。"

组织的有效性有两个标准：第一个标准为是否有人对成果负责，即成果导向性；第二个标准为是否充分利用了企业的资源，即效率导向性。以常见的职能制结构为例，在职能制结构中是谁对成果负责呢？每个职能部门都为自己的职能负责，没有人对最后的成果负责，最倒霉的往往是流程中的最后一个部门，所以职能制的成果导向比较弱。但是职能制能够把专业人员集中在一起发挥专长优势，所以其资源效率比较高。因此，从成本管理角度来看，职能制很好；但是从成果效益的角度来讲，职能制的条条框框较多、响应效率比较低、协同性比较差。而项目制正好相反，项目由项目经理负责，所以成果导向非常明确，但是不能综合、有效地利用企业所有的资源，项目制其实是将企业分化成多个项目型小企业，企业与企业之间、项目与项目之间会有内斗，一旦碰到攻关等需要解决企业重大问题的情况，很难把企业所有的力量集中起来。各种组织方式都有其特点，都有其优缺点，人在其中会受到影响而产生相应的行为。因此，在设计治理结构和管理结构时，大部分项目风险就已经注定了。

项目治理解决的是关于利益相关方之间规制关系的问题，这是一种常见的项目问题。我们在利益相关方的社会网络中处于不同的节点，就会相应地有不同的行为。项目风险中有一些是由项目的游戏规则、治理机制和组织方式等因素引起的，这些属于项目的遗传性内因，占项目成败影响因素中的大部分，而我们平时关注的那些不确定性因素反而是外因，只占项目成败影响因素中的小部分。

另一种常见的项目问题是客户的需求总是变化，特别是像软件开发这一类的软性的项目更是如此。需求的变化固然与客户对于自己真正想要的产品想不清楚或说不清楚、不能说清楚有关，也与项目的创新性和不确定性这些固有属性有关，但很大程度上是与客户和供应商没有采用协同的治理架构有关。一方面，客户常常有一个挂名的负责人，背后却是职能制的架构，大家平时都是好好先生，因为并不关心项目的结果，但等项目进行到需要影响他们的工作时，他们就会反应过来，这时候才会提出自己真正的需求。另一方面，供应商方面尽管表面上看起来是项目的管理方式，但实际上售前和实施有不同的项目负责人，其责任范围和激励方式也不一样，也就是说，供应商内部是按照割裂的项目群来管理的。这些由于客户和供应商双方项目治理结构不协调而产生的问题很容易被人忽视。

42 估算精确度依赖于企业的螺旋式学习过程

如何提高估算的精确度是做项目计划的一个非常重要的方面。20世纪50年代，管理大师爱德华兹·戴明提出了一个非常简单的"环路"来帮助企业提高产品质量，这个环路包括四个步骤，即计划—执行—检查—改进，也就是PDCA（Plan，Do，Check，Act）循环，这就是我们常说的"戴明环"。不仅质量管理需要用这种方法，要提高项目计划估算的准确性也需要采用这个办法。

项目具有独特性和临时性，但承担项目的企业是稳定的。一个企业每年要承接很多项目，表面上看每个项目似乎都不一样，但是同一个企业承担的项目在基本面方面都是一样的，只是参数不同而已（如对于建筑大楼来说，五层楼和八层楼肯定是有区别的），但是相当一部分都有本质的共同点。比如，苹果手机，从iPhone 4到iPhone 12有很多基础性的东西是一样的。因此，项目是临时的，但是企业的平台是相对稳定的，项目和平台之间要有互动关联关系。

我们在计划过程中如何提高估算的精确度呢？估算精准度依赖于企业的螺旋式学习过程，包括估算、验证、固化和复用四个部分。在项目开始时估算项目工期和项目费用，然后在实施中判断和验证原来的估算。如果估算准确就把估算的方法构件化和标准化，从而以工业化的效率满足个性化的需求；如果有偏差，就分析出现偏差的原因，等到下一次再做试验。固化下来的方法，有的可以直接复用，有的需要修改后再用，所以它是一个螺旋式的迭代上升的学习过程（见图37）。一个企业有大量的项目，可以对项目本质的方面进行大量的共性构件，这样日积月累，企业预测的准确性就会提升很多。

42　估算精确度依赖于企业的螺旋式学习过程

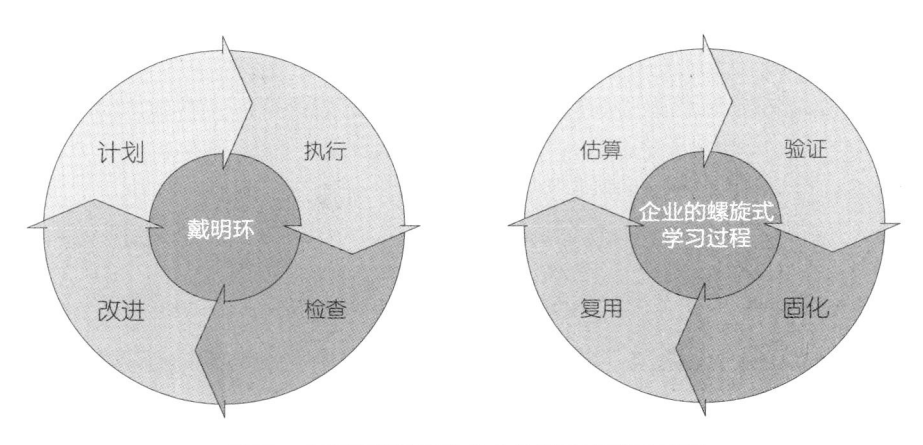

图37　由戴明环转变为企业的螺旋式学习过程

正如国家地理频道的系列纪录片《重返危机现场》中的解说词"灾祸不会凭空发生，它们总是一系列关键事件的组合"，对未来的预测也应该是一个不断迭代、修正的过程。项目是一次性的，但承担项目的企业则是相对长期的，项目计划的迭代和修正是在项目与企业知识平台之间的不断互动中产生的。

企业估算、验证、固化和复用是怎么做到的呢？在项目开始时会召开项目启动会议，会议上对项目的工期、预算等做出估算。在召开项目启动会议时，项目实际上还没有开始，这些估算的依据是什么呢？我们如何知道项目规模有多大，工作量有多少，进度又是如何呢？这些内容到底是根据什么来确定的呢？这些并非仅仅根据人员的经验判断而来，不是依赖某些能人，而是依据企业知识，依据以往项目的里程碑和项目总结报告修正而来的。仅仅依赖能人的企业，其管理成熟度是很低的。

项目里程碑的检查过程包含了计划和实际执行的偏差分析，它们大多是承上启下的中间节点，而项目总结报告能够得出计划和实际结果的偏差，这些计划和实际结果的偏差分析给下一个类似的项目提供了很有价值的制订计划的参考依据。换句话说，戴明的PDCA循环经常是在两个项目中形成的闭环，在上一个项目中完成了P步骤、D步骤、C步骤，在下一个项目中实现了A步骤，如此反复迭代，企业做项目计划的准确性就越来越高。

我们要提高项目计划估算的精确度，可以学习《列子·汤问》中的一个寓

157

言《纪昌学射》。古代有一个射箭技术非常高超的人叫甘蝇，他有一个弟子叫飞卫，纪昌向飞卫学射箭。飞卫说："你先学不眨眼睛，然后才能谈及射箭。"纪昌回到家，仰卧在妻子的织布机下，眼睛注视着梭子，两年之后他做到了不眨眼睛，于是告诉飞卫。飞卫说："功夫还不到家，还要学会看东西才可以——把小的看大，把微小的看出显著，然后再来告诉我。"纪昌用牦牛毛系着虱子悬挂在窗户上练习观看。十天过后，虱子在纪昌眼中渐渐变大；三年之后，他感觉到虱子像车轮般大了，看周围其余东西，都像山丘般大，于是就用燕国牛角装饰的弓、北方蓬杆造成的箭，射向虱子，正穿透虱子中心，而拴虱子的毛却没断。当他把这件事告诉飞卫时，飞卫高兴地说："你掌握技巧了。"我们要想提高估算的精确度也是如此，要依靠不断循环提升的学习过程。

数字化技术的产生为提高计划的准确性提供了有利的手段。以往的项目和未来的项目中间可以建立基于大数据的智能学习系统，这种系统对提高项目的成功率有很高的价值，也必然会有很广泛的应用前景。

43 凸显风险管理的价值

风险是一件未来有可能发生的事，它是不确定性的事件，可能会给项目带来正向或者负向的影响。项目具有独特性，独特性就意味着不能完全按照过去的经验来进行管理，因此每一个项目中总有些和以往项目不一样的地方，所以项目总会有风险，甚至有人说项目管理就是风险管理。

法兰克·K.索能伯格在其《凭良心管理：如何通过正直诚实、信任和全力以赴的精神来改进公司的运作》一书中有这样一句话：如果一个原始森林中倒下了一棵树，没有人看到树倒下，也没有人听到树倒下的声音，那么，树究竟倒下还是没倒下？管理就像化学反应中的催化剂，它本身在化学反应中并不发生改变，只是促进其他物质发生反应，加快反应进程；管理也像做菜时用的调料和火，没有调料和火炒就做不出美味的菜，但调料和火本身不能用来充饥果腹。管理是寄生在其他工作中的，因此人们很容易忽视管理的真正价值，无论是事情办成功了还是失败了，我们一般都会归因于某些人，归因于他们的敬业、专业、奉献精神和团队协作精神等方面，而很少会说是管理在起作用。

风险也是如此，风险管理中有一个悖论：如果风险管理做得好，风险就不会发生，但是没有风险又怎么归功于风险管理呢？我们会缺乏证据来证明是否是因为做了风险管理才避免了风险的发生。而当我们有证据证明风险管理确实很重要时，风险往往已经发生了，损失也已经发生了。这种悖论导致了难以衡量风险管理业绩这一问题。

衡量风险管理绩效的方法有以下三种：第一种方法是比对，即和同行业企业的类似事业部门或类似项目进行比对以发现差异,从而评估管理绩效。但是比对往往难以做到符合要求,因为我们缺乏类似的统计数字;第二种方法是采纳,采纳就是看我们提出的风险管理的意见或建议,到底有多少得到企业或项目的认可和采纳,以被采纳的数量和质量作为风险管理的绩效评估,被采纳得越多,绩效就越好;第三种方法是风闻,在中国古代,皇帝是如何看得到外面的世界而不被人蒙蔽的呢?为了听到天下的声音,皇帝专门设置了御史这一职位,御史的特点是闻风而奏,就是将未经证实的情况或传言上奏给皇帝,作为考察官吏的参考,这就是风闻的方法。

相对于风险管理绩效评估的三个方法——比对、采纳和风闻,激励措施也对应着三种方法:模拟股份是鼓励比对的方式;奖金是鼓励采纳的方式,只有做出相应的贡献才会给予奖励;工资则是鼓励风闻的方式,只要完成相应任务就会收到工资。这三种激励措施不能单独使用,否则就会造成过度管理,就会对正常的工作造成阻力(见表2)。

表2　风险管理绩效评估与激励方法

评估方法	比对	采纳	风闻
激励方法	模拟股份	奖金	工资

风险管理的组织管理有以下几种方式。第一种是遵循必备程序,所有项目中都有风险评估的程序。无论什么项目,哪怕是非常成熟的项目,都不能省去这道程序。第二种是设置风控部门,企业设置风控部门专门用于风险管理,虽然项目是临时的,但企业是稳定的,企业需要把各个项目的风险管理经验进行积累、提炼、固化,然后再复用到其他项目中去。这个风控部门的特别之处在于其人员处于一个灵活流动的状态,谁都有权为这个部门来做贡献,所以它应该是"开门"的部门。企业的风险总会不知不觉地在某一方面显现出来,我们设定稳定的流程和开放人员的部门就是为了防范这一点。

风险的一大特征是:你关心它时它不理你,你不理它时它就会主动凑上来。所谓的"人无远虑,必有近忧"就是指如果我们不提前考虑风险,它们就会突然冒出来使我们措手不及。很多保险企业制定非常烦琐的条款的目的就是防范风险，因此保险企业的风险是比较小的。对于项目来说，最常见的风险隐含在我们习以为常的假设之中，项目是特殊的，但我们会用过去成功的经验来对待它，会不自觉地假设其他项目上存在的条件在这个项目上也存在。因此，风险管理首先要抓好对假设的管理，需要对隐形的、常识性的项目和方案条件予以确认，"项目假设"需要在风险检查单上占据明显的位置。风险不会凭空发生，它总是会给我们一些症候，但这些症候很容易被忽视，造成量变，引起质变。我们在管理项目时，需要设置风险监察员，设置一些闻风而奏的吹哨者。另外，不靠谱的事不是风险，不靠谱的人才是风险，因为所有的好事和坏事到最后都会落到具体的人身上，是因为人的能力、态度、关联关系等造成了不靠谱的事情的发生，不能将风险和人员关联起来就谈不上风险管理。

最后特别重要的一点是：我们宁愿让风险管理占企业一点便宜，也不要让企业占风险管理的便宜，这对企业来讲是利大于弊的。

44 程序体现成熟度

一个企业为什么要加强程序管理？企业的流程图实际上是企业机体运行的经络图。我们通过流程图可以看到什么叫"牵一发而动全身"，什么叫"环环相扣"，什么叫"各负责任"。所以流程图有以下三个好处：第一是通过固化知识来应对人员的流动。程序可以保证企业即使人员流走也能完成任务，前面谈到的WBS知识管理也是同样的道理。第二是减少协调时间，减少了内部的"扯皮"现象的发生，管理者才可以更多地关注外部，而只有关注外部才有贡献。实际管理中很多企业用于内部协调的时间过多，管理者没有时间和精力将其注意力放到外部，这样企业就会出现问题。第三是风险防范。在流程图中，哪个地方容易出现风险一目了然。如果出现了责任问题，我们可以用流程图来倒向追溯，看责任问题究竟出在什么地方。司法程序是否完备反映出一个国家司法体系的成熟度，而企业流程的成熟水平以及合理度也反映了企业管理和项目管理的成熟度。

我们可以看IBM是如何提高其项目管理成熟度的。IBM管理项目的流程是按照生命周期开展的，包括从商机管理到方案设计与评估、合同谈判、项目实施和项目收尾等环节。IBM管理项目的流程也是经过逐步改进得到的。

第一，从无到有抓两头，一个抓立项，另一个抓收尾，因为立项和收尾之间是企业内部的管理，至少还可以在企业内部拆东墙补西墙，但是对外界的接口要有所控制，所以IBM首先设置了合同谈判后的立项流程，以实现项目从外到内的有效转化。同时，设立了项目的收尾流程，已确定项目的移交和关闭。这种先抓两头的方式明确了项目经理的责任范围,保障了项目经理的权限范围(见图38)。

| 商机管理 | 方案设计与评估 | 合同谈判 | 项目实施 | 项目收尾 |

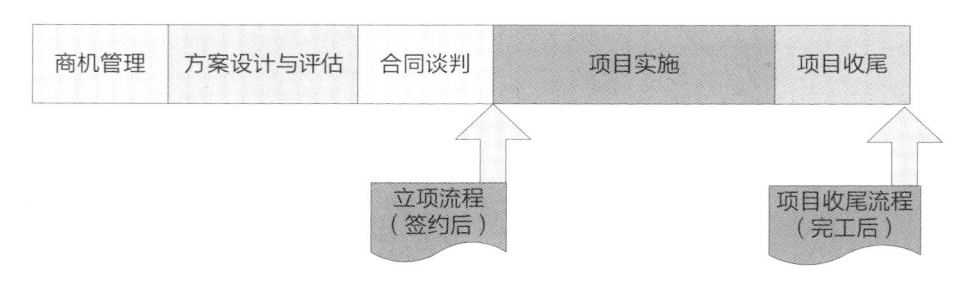

立项流程(签约后)

项目收尾流程(完工后)

图38　IBM管理项目的流程(一)

第二,规范启动要抓前端。项目和企业一样,盈利模式非常重要,先天性的风险管控很必要,因而从商机管理到方案设计与评估、合同谈判,都需要有明确的流程,IBM重点抓了项目遴选风险评估流程、设计质量保证流程和商务合同审计流程(见图39)。很多项目的风险不仅在市场方面,也在市场部门与实施部门的接口方面。这两类人员的责任和激励不协同,售前人员因为业绩和维护客户关系的需要容易许下不切实际的承诺,实施的项目组介入太晚,这些都需要通过流程来保障项目全生命周期的一体化。

| 商机管理 | 方案设计与评估 | 合同谈判 | 项目实施 | 项目收尾 |

项目遴选风险评估流程　设计质量保证流程　商务合同审计流程　项目收尾流程(完工后)

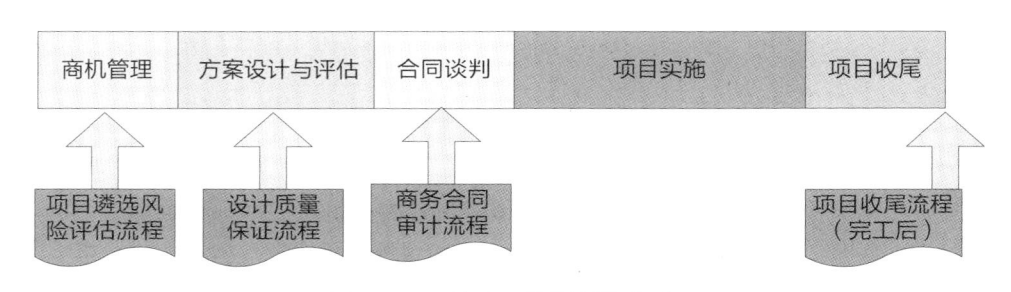

图39　IBM管理项目的流程(二)

第三,建立全面的流程控制。这部分要包括建立项目实施规划流程和定期健康检查评估流程(见图40)。管理要走在问题的前面,管理不应该追着问题走,也不应该追着"惊喜"走,出了问题以后大家必然是忙着推卸责任,但实际上已经造成了损失。而且,也要避免突击检查和随机检查,这不但会带来管理成本的增加,也会增加实施方和检查方彼此的不信任。因此,健康检查需要有事先设定且众所周知的程序。

项目管理知与行

| 商机管理 | 方案设计与评估 | 合同谈判 | 项目实施 | 项目收尾 |

↑ ↑ ↑ ↑ ↑ ↑

项目遴选风险评估流程　设计质量保证流程　商务合同审计流程　实施规划流程　定期健康检查评估流程　项目收尾流程（完工后）

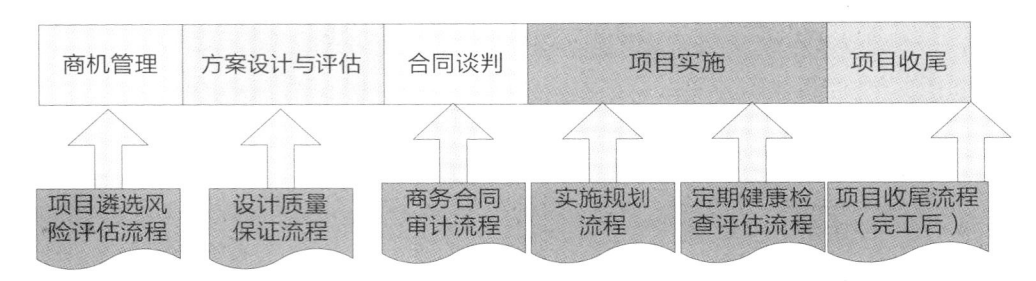

图40　IBM管理项目的流程（三）

第四，流程的自动化和智能化。流程一旦增多，流程本身就成了问题，这就有了流程自动化和智能化。流程多就容易造成官僚化和内卷，管理流程会让一线部门、项目团队不堪重负。僵化的流程还会延误战机、增加管理成本，会给企业带来很多不好的风气。

第五，设置专门的部门来负责流程的改进。这个部门是项目管理办公室。项目管理办公室需要根据项目场景进行流程的优化和剪裁，以保持企业项目管理的持续改进。

"是否必要，为什么必要？"是建立流程前需要回答的问题。这个问题的回答基于两个判断指标：效率和风险，即有了流程可以提高效率，有了流程可以控制风险。如果没有充分的证据证明流程可以满足其中的任何一项指标，这样的流程就不需要，否则"大企业病"就容易产生。如果没有证据证明流程能够提高效率和/或降低风险，可以通过激励机制的补偿和关键点的把控实现精兵简政。

决策流程是治理流程的关键，要尽量减少决策，尤其是尽量减少远离"前线"的人员的决策。此外，流程不能仅仅是工作之间的关联关系，也是责、权、利三者之间的关联关系。

判断一个企业的管理成熟度高低要看它的业务流程是否完善，判断一个项目的管理成熟度高低要看其工作流程是否完善。

45 价格谈判的策略

企业的利润来自它的盈利模式，管理是在盈利模式确定的条件下采用的提高其实现效率、控制其实现风险的方法。项目也有盈利模式和管理机制，如果我们选错了盈利模式，即使管得再好，项目也很难取得理想的效果。也就是说，我们要在有鱼的鱼塘里钓鱼，还要具备钓鱼技巧才能钓到鱼。如果鱼塘里没有鱼，无论有多么高超的钓鱼技能最终也是一无所获。

项目的合同报价是项目盈利模式中很重要的一部分，如果合同价码本身就给得比较低，项目经理的日子就比较难过。那么如何得到合同的价格？有个说法叫"没有谈不拢的生意，只有谈不拢的价格"，价格不仅仅是做出来的，更多情况下是谈判谈出来的。

人人都有一定的谈判能力，但是要想成为谈判高手，必须要了解并掌握一些诀窍。谈判的目的是什么？我们有三种选择：第一是为了达成公平对等的交易；第二是达成妥协；第三是与对方联合做出决定，尽可能照顾双方利益。这里哪一种选择是最有效的？基本的考量是这样的：第一，谈判双方都是为了各自的利益；第二，谈判是为了维护这种利益而不是为了妥协，妥协不是目的而只是维护目的的一种策略而已；第三，谈判是公平的，否则合同就不能算数，但是公平的含义是什么？公平是根据我们的投入以及承担风险的量来定的。谈判不仅仅是为了成交，更主要的是让双方都觉得自己赚了。

谈判有两个基本规则：第一，绝对不要接受对方的第一次开价。如果对方一开价我们就接受了，其后果一般是在成交后双方都很后悔，开价的人会想早知道要价高一点就好了，还价的人会想早知道多还点价就好了。尽管成交了，但是双方都不满意，都觉得没有达到理想的效果，因此会在合同执行过程中想把自己"亏了的"赚回来；第二，绝不让步，除非交换。因为你一让步，对方就会认为这里面有水分，即使成交了、对方赚了，但他还是会不满意。当我们真正理解谈判的目的在于让双方都觉得自己赚了之后，谈判策略就相对比较容易选择了。

另外，有效的合作还有一个前提，就是这样的合作对双方来讲都是必要的。换句话说，要让双方都意识到自己的主要矛盾何在、对方对解决自己主要矛盾的必要性何在，建立在必要性基础上的合作才是牢固的。

甲、乙双方对价格形成方式优、缺点的关注角度是不一样的。弄干净一样东西就会弄脏另一样东西：把桌子擦干净抹布就脏了，把抹布洗干净水就脏了。阳光越强烈，影子越黑暗，任何管理方法都有它的优点和缺点，优点越明显的管理方法，缺点也越明显。既然任何一个管理方法都有其优、缺点，我们也不要孤立地谈论一种管理方法的对与错，而是看其能否有效解决矛盾和达成目标，看其是否与内外因条件相匹配。

我们在做项目估算时有两种方法：一种是自上而下的估算。比如，装修房子要花100万元，其中设计花30万元，采购花40万元，施工花30万元，这样一步步分解下来的估算叫作自上而下的估算。自上而下的估算的优点是总价可控，那么缺点是什么呢？是超支或者不能按时完成吗？现实中可能并非如此，项目有三大目标，即工期、质量和费用，其中工期最容易控制，因为它往往会通过牺牲质量来实现，自上而下估算最致命的、也是甲方最担心的缺点不是完不成而是偷工减料。

另一种方法是自下而上的估算，就是由具体工作到工作包，再到概要工作，然后一直到项目，是自下而上一步步累加起来的估算。这种估算的优、缺点与自上而下的估算正好相反，它可以保质保量完成，但缺点是总的估价可能会超支。

在谈判的时候甲方喜欢自上到下的方案，因为他考虑的是项目的总投资需要多少钱。乙方喜欢自下而上的方案，要针对具体的工作内容一个个地、详细地与甲方谈判，从而一步步累加估算。如果乙方和甲方一样采用自上而下的方案，乙方就赢不过甲方。

预算的分解是基于工作分解结构的，工作分解结构也有很多种方式。比如，现在有两种分解结构，一种是A分解结构，另一种是B分解结构。到底哪一种工作分解结构比较合理？很多人认为应该是按照设计和建造分解比较好，因为这样设计风格一样，采购的时候还可以通过规模化来节约成本，施工的质量也好统一控制。但是，采用B分解结构也有好处，尽管设计风格有可能不一样，成本有可能会上升，但它可以照顾若干相关方的关系。有时候不给相关方一杯羹，不照顾到方方面面的利益，只从项目本身出发是行不通的，或者说是会因小失大的。

对于同一个目标，有很多可以达成目标的方法。价格的谈判有很多方式，除了这里谈到的甲方和乙方的策略不同外，还可以包含其他很多方面。我们不要仅把注意力集中在价格上，而要放在价格的提出方式上，如供货速度变快，相应的价格就可以上升，以及交付方式改变也会影响价格，等等。

46 矛盾导向而不是问题导向

如今在政府机构和企业部门中，"问题导向"这种说法很流行，但实际上追着问题走，以问题为导向去管理为时已晚。问题就是一些不良的症状，当症状已经出现，我们跟着症状后面走就会有三个问题：一是解决症状很难，二是损失已经比较大，三是即使付出代价解决了问题也无非是恢复到正常状态。正如之前谈到的"扁鹊三兄弟"的故事，问题导向就像扁鹊本人，在问题出现之后解决问题，看上去似乎很有价值，但实际上水平并不高。

问题的发生是因为有风险，如果我们早早地把风险的不确定性控制住，就不会发生问题这个症状。问题这个症状是由于风险的不确定性没有被控制住而向坏的方面发展而成的，所以不确定性问题的背后是不确定性的风险。扁鹊的二哥能及早地发现和解决风险，其解决问题的代价就比较低，效果也比较好。那风险的根源即不确定性又是如何产生的呢？静止的东西不会有不确定性，只有动态的事物才会有不确定性，那么是什么促进了运动呢？是矛盾。所以如果我们能够发现事物的变化是由什么矛盾引起的，我们就找到了不确定性的根源，这就是扁鹊的大哥医术的高明之处。

矛盾是事物发展的原动力，这一原动力经过演化就产生了不确定性的风险，风险如果没有得到很好的控制或引导，就会出现一些确定性的不良后果，这就是问题的症状（见图41）。我们之前所谈的管理的太极逻辑也反映了这样的演化关系，"无极生太极，太极生两仪"，"无极"是一个和谐的、没有问题的状态，而"两仪"已经出现黑白分化，形成了明显的问题。解决问题的方案提出得过早则无人重视，解决问题的方案提出的太晚，损失已经发生甚至问题不可解决，因此我们要在"太极"阶段解决问题，由相对和谐到问题的初期症状出现，解决掉这些初期问题又回到相对和谐。所以想要预见问题、判断问题演变的趋势，关键是要认识其中的矛盾。矛盾是项目价值的根源所在。正是因为在我们常规工作方式中存在矛盾，而按照日常的管理方法无法解决这些矛盾，才有了项目管理的方式。

图41 问题根源于矛盾

澳大利亚有一种蒲公英，生长迅速，风一吹就满地飞，于是当地人就把蒲公英割掉了。到了第二年，蒲公英又长出来了，风一吹还是满地飞，当地人索性将其根部刨掉。结果发现第三年虽然没长，但第四年蒲公英又出现了。后来大家才发现这种蒲公英的种子在地底下八米深的地方。如果找不到根源，解决问题永远都只是在做表面文章，会付出更多的解决问题的代价。企业如果找不到市场的主要矛盾，只能跟着市场的需求走，而当市场需求已经很明显的时候，竞争就已经非常激烈了。苏东坡的父亲苏洵在《权书》中谈到用兵有三种方式：第一种是正面交锋，即"红海策略"，其结果是"胜负未可知也"；第二种是奇兵，但奇兵有风险，其结果是"十出而五胜矣"；第三种是伏兵，伏兵就是根据矛盾预见问题，其结果是"十出而十胜也"。

矛盾是风险的根源所在，矛盾产生了事物发展的动力，而运动就会有不确定性，所以要想解决项目的风险，就要判断项目的矛盾所在。所以我们要看系统矛盾的演变，及早采取策略才能取得长久合作的成功。

我们要依靠系统的演变来判断矛盾所在和所向，而不是根据所谓的统计规律来发现矛盾。西方有个说法：世界上有三种谎言，一是谎言，二是可耻的谎言，三是统计数据。因为统计数据是建立在我们假设的基础之上，不同的人用不同的假设来看待世界，不同的人解读世界的方法也不一样。如果我们有足够的耐心对数据进行加工，数据一定会提供给我们想要的结论。

我们要用系统演化的方法将各个变量之间的演化关系勾画出来。良性循环和恶性循环的系统结构是一样的，只是解决矛盾的推动力不一样而已。当项目这个系统的演变图勾画出来之后，就能够找到该系统的重心，即矛盾的根源，将矛盾根源的方向以杠杆的方式扭转，就会使系统发生连锁反应从而解决问题。我们需要根据系统的演化结构判断矛盾的重心在什么地方，而不是只看统计数据这一规律性的东西，这些规律对项目个案的情况不见得有效甚至会使结果更糟糕。

问题的背后是风险，风险的背后是矛盾，矛盾是事物发展的原动力，也是项目的价值所在。如果看不到矛盾，不能通过系统演变找到其原动力，就找不到行动的最佳时机和最合理策略，解决问题的代价就较大，效果也较差。如果将风险的不确定性控制住，坏的症状就不会发生，甚至还可以将其引向正向的商业机会。因此，只有善于从矛盾的角度看待项目才能看得更长远。

47 项目团队组建的要素

一个项目要想成功，离不开合格的项目团队，如果是优秀的或者卓越的项目团队会更好。那什么叫项目团队呢？围绕同一个目标的一群人就叫一个团队吗？其实不然。

有这样一个拓展训练：十个人排成一排，所有人双手的十指都要平托着一根竹竿不能离开，只要有一个人的手指离开了竹竿就算团队失败，而且谁的手指离开竹竿谁就会受到惩罚。任务是将这根很轻的竹竿从肩膀处放到腰带的位置。当我们发出开始的口令之后，情况会是什么样呢？我做过几十次的试验，无一例外，竹竿都是往上升，不但往上升，而且总有人说"往下放！往下放！往下放！"但他们自己的手还是不自觉地往上升。为什么十个人托一根竹竿放不下来呢？这十个人中没有坏人，他们也都是愿意将竹竿放下来的，但客观的结果和目标正好相反。我们如果找到了把竹竿放下来的诀窍，就找到了建设团队的诀窍。

我们可以采取以下几种办法将竹竿放下来：

第一种是减少团队人数。如果一个人或者两个人托着竹竿，那么想放则放，想升则升，而五个人、十个人就会出现问题，就是俗话中说的"鸡多不下蛋，人多瞎捣乱"。团队的第一要素，就是人数要少。人数一旦多了，人们的想法、习惯各不相同，也就更容易发生冲突。每个人为了证明自己的业绩和价值反而会制造出一些事情来。这就是帕金森定律中所说的"人多了不是更好地完成工作，而是更多地产生工作"。人多了不一定会力量大，但人多了管理难度一定会增大，让更多人的力量朝一个方向积聚起来就更加困难。

现实中存在"积极怠工"的现象，即每个人都在忙，但是都在忙着掩盖事实的真相。在项目延期时往项目中增加人手可能会让项目延期变得更长。另外，可能我们本来只想雇一个人的一只手，但是我们必须把整个人雇佣过来，人都是有社会属性的，所以增加一个人就会增加更多的事情，所以说人数少是团队的第一要素。

项目的工作有很多种，包括计划、决策、操作、维护等，古代有"君臣佐使"之分，在项目团队中也是一样，成员之间的技能必须是互补的，如果两个人完全一样，那至少有一个人是不需要的，一团和气的不是团队，因为如果大家思想完全一样，就不会有不同思想的碰撞，也不会有创新。

第二种是将竹竿的重量增加。假如把这个竹竿换成更轻一点的泡沫做的杆子，那么就会更难放下来，而换成稍微重一点的杆子则更容易放下来。竹竿再轻也不会比空气轻，所以不可能自然往上走，竹竿往上升一定是有第一个人把竹竿抬高了，第二个人为了避免自己因松开竹竿而受到惩罚就会跟着抬高，其他人也是如此，这样竹竿的位置就会越来越高。把竹竿换成更轻的之后，第一个人手指轻微贴紧竹竿的动作产生的反应会更明显，因而竹竿上升得更快。其实第一个人也不是坏人，他只是害怕离开竹竿而受惩罚，因而下意识地向上托了一下。如果把竿子换成重一点的钢筋材料，就会容易很多，因为即使一个人的手指贴得更紧一些，别人也不会感觉到竿子在向上升。所以团队还需要有一个要素，就是要有有压力的业绩目标。适当的压力会让大家更团结。自然气候越恶劣的地区人们越热情、越团结的原因也在于此，因为不团结就会有损失。在项目实施的过程中，适当缩短里程碑的间隔就会立刻使项目团队的压力上升，这也是增加团队凝聚力的一种技巧。

我们可以用压力和能力两个维度来表示管理的有效性。当能力大于压力就会产生无聊；当能力小于压力就会产生焦虑；当能力和压力相匹配才会形成动力。我们为了让一个人快速跑向目的地，可以在他后面放一只狗追着，这时既有压力，能力也跟得上，他就会拼命地跑。但如果在他后面放一只藏獒追着，那就是压力大于能力，他不会选择往目的地跑，而是会爬到树上去。如果既没什么好处也没什么坏处，他就会感到跑步是无聊的。

第三种是依靠有效的方法。如果现在的情况就是十个人托一根很轻的竹竿，如何才能把它迅速放下来呢？当我们把所有人的手都挨在一起、有人统一指挥或者大家经过多次训练找到步调一致的窍门的时候，也能放下竹竿。《孙子兵法》中说"不训之师，断不可用"，其中还讲到白天要用不同颜色的旗子，晚上要吹不同声音的号角，这样可以使号令一致。只有做到使"勇者不得独进，怯者不得独退"才能称得上是"用众之法"。

团队需要经过训练，训练中团队成员要形成对一些专业术语和管理方法的共同理解。责任要有明确的落实方法，不论是在项目组内部还是在项目组外部，我们都要有内外的责任矩阵。责任分配之后还要有权力的奖惩机制，要做到事事有人管，人人都管事，人人有帮助，事事有支持。所以团队是一个由少数有互补技能，愿意为了共同的有压力的业绩目标和方法，相互承担责任的群体，而不仅仅是围绕同一目标的一群人。

48 项目团队成员的选择

人是完成工作最基础的一个要素,所以大家都在谈"以人为本"。如果没有选对合适的人,项目的麻烦就很大,很多项目的失败不是因为项目组中缺了某种人,而是因为项目组中多了某种人。"路遥知马力,日久见人心",但项目是临时的,很难通过长时间相处来了解一个人、认清一个人。那么该怎么选择合适的项目团队成员呢?

有这样一些基本的选人标准。第一是选择的成员要具备与任务相关的知识和技能。这是不言而喻的。项目和企业不一样,它没有足够的时间去培养人的技能,相比于稳定的部门,项目是用人而不是育人。第二是这个人对问题要感兴趣。兴趣是最好的内生动力,当人们对某件事有兴趣的时候会省掉很多的激励。项目的很多工作并不能按照WBS分得一清二楚,只有有兴趣,人们才会有主动性和创造力。第三是选择的成员要有时间参加项目。第四是选喜欢团队合作和有开放心态的成员。因为项目是独特的,需要跟不同的人合作,所以团队成员心态要开放。

如果要在这四项标准中选出最容易出问题的一项,那应该是"有时间参加项目",在这些标准中,其他几个方面都是个人的属性,唯独第三项是外在的、可以管理的。时间是人生中最重要的调节变量,我们可以用时间来交换很多东西。我们现在的生活是通过以前的时间交换来的,我们将来的生活会怎么样,也是取决于如何使用现在的时间。

在选择项目团队成员的时候,需要特别注意的是他们要有足够的时间参加项

48 项目团队成员的选择

目。很多项目失败的原因并不是因为某个人能力不够，而是这个人投入的时间不够。我们有时候喜欢找能人，但能人的时间总是被分割的，总是被不同的项目所占用，一旦计划有变，这些能人就会被别的项目抢走，再想让他们按时回来就很困难，因为别的项目也存在变数。

所以，能人不仅是指能力，还指时间和在组织中的协调性，是指能够高度胜任项目工作的人，是能够解决项目主要或关键矛盾的人。一个能人破坏了一个团队的现象也不罕见。项目要的不是能人，而是有能力胜任且有足够时间的人，这一点非常重要。可是我们怎么知道这个人有没有足够的时间呢？在人员的信息管理系统中，企业一般都会把基本信息，如年龄、籍贯、学历、政治面貌等都记载下来。这些信息其实与工作的关系不是很大。

有些企业选人看第一学历，这看似很重要，其实不应该这样。选择项目成员更应该注重判断胜任度，判断他胜任工作的可能性，而不是依靠学历，甚至也不是依靠知识和能力。胜任度固然与知识、能力有关，但更靠谱的是履历，要有选人的明确的履历标准，这是判断胜任度要看的第一个条件。知识只是"知"而不代表能做，能力可能在实验室、在理想的条件下能做到，但在实践场合做不到。

判断胜任度要看的第二个条件就是他的工作状态。在这一段时间，这个人能不能有足够的时间花在项目上面？他是不是很忙？他什么时间有空？第三个条件是他的价值取向，他最缺什么？他希望拥有什么？要对这些进行评估。接下来还要分析他的性格特质，他最希望跟什么样的人合作？跟哪些人打交道会让他比较舒服？他跟哪些人肯定走不到一块去？再接下来要分析他的团队角色趋向，他愿意做项目负责人还是愿意做批评者？是做干活的人还是做出主意的人？这些信息都需要在管理信息系统中记载下来为今后选择项目组成员提供参考。

在选人的过程中究竟应该"因人设事"还是"因事设人"呢？答案是都可以。但是这里的"人"和"事"是不一样的，如果某人确实是个能人，那当然可以"因人设事"；但是对一般人来讲，对常规的事来讲，还是要"因事设人"比较好。管理的主要对象是指普通人，因此"因事设人"更为普遍。

项目团队不是封闭的，项目团队成员需要和客户、企业的其他部门、其他外部相关方打交道。因此，内部完美的团队依然可能是不完美的。项目团队的组成还需要考虑成员、组织方式等能否和外部相关方匹配。如果不能匹配，那就要靠我们的技能去弥补。如果某人确实很牛、技术确实很厉害、能力确实很突出，客户也说不了什么，那也是可以的。如果选的人能够做到和项目任务相匹配、和其他团队成员相匹配、跟外部相关方相匹配，就可以确定此人是一个好的项目团队成员。项目团队形成的基本过程如图42所示。

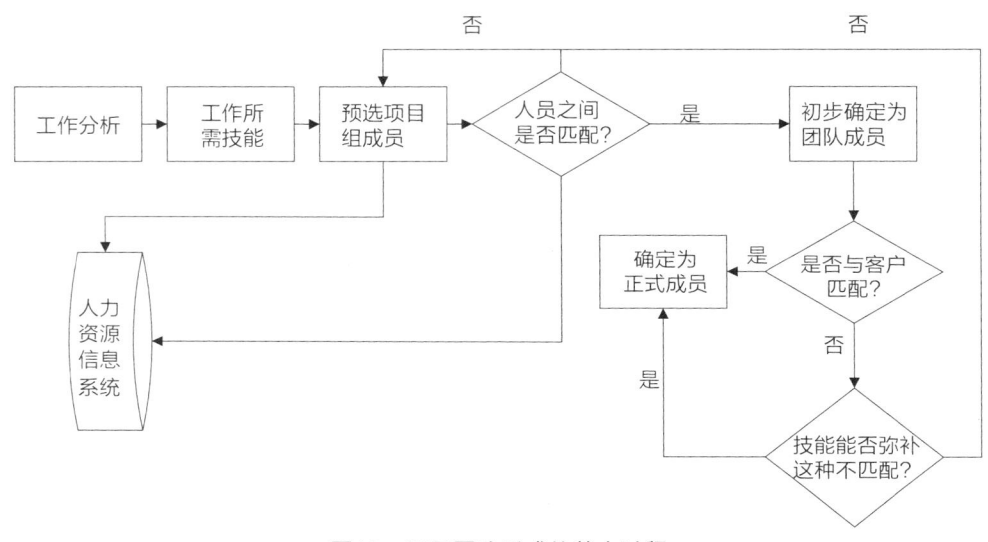

图42 项目团队形成的基本过程

在人员管理工作中，有人将人分为四个类别：智商高、情商高的人春风得意；智商高、情商低的人怀才不遇；智商低、情商高的人贵人相助；智商低、情商低的人一事无成。虽然这话有些绝对，但也不失为选人的参考。"尺有所短寸有所长"，每个人放在合适的地方都可能是人才，生产力和生产关系不可分割。现在的很多企业过多强调了人才个人的属性，强调了生产力而忘掉了生产关系，这也会影响生产力的发展。

49 利益相关方不配合工作的原因

如果管理出了问题，到底是上司的责任还是下属的责任？其实不能单单归咎于上司或是完全归咎于下属，而是两者之间的关联关系出了问题。就像企业一样，企业发展出了问题，是管理机制的问题还是盈利模式的问题？其实常常是两者之间的关联关系出了问题，这就是"一阴一阳之谓道"。项目的利益相关方来自不同的部门、不同的企业和利益团体，既然走到了一起必然都希望项目成功，如果客观上存在不配合的现象，大多是因为彼此之间的关联关系出了问题。

概括起来，造成项目利益相关方不配合工作的原因主要有以下几个方面。

第一，他们并不知道为什么这是他们应该做的事情。很多项目委托人有这样的想法：我花钱，你就应该替我做事来减少我的麻烦。这是一个很大的误区。项目需要彼此合作，而不是由某一方提供一个完全封装的产品。为了避免这个问题，我们需要在制订计划时尽可能早地推动项目利益相关方的介入，先民主后集中，慢慢计划快速行动。一些项目计划中没有包含沟通计划，项目计划本身也没有得到项目利益相关方的认可和承诺，这可能是出于对项目计划的保密和财务方面的考虑等，但结果往往得不偿失。经济学中博弈很时髦，但博弈是靠信息的隐藏来体现其价值的，在项目中你若有欺瞒，别人便不会配合你。

第二，利益相关方不知道该如何做。项目是专业的，所以我们有结构师、建造师、造价师，还有项目经理资格认证，但是项目承担者需要资格认证并不意味着项目利益相关方都需要资格认证。在很多情况下，利益相关方想帮助我们但他们不知道该怎么做。与不专业的客户合作是很难做到准确有效配合的，所以我们要培训利益相关方使他们更专业。正如伊斯兰教的始祖穆罕默德所说"我可以让对面的山向我走来"结果山没走来，他不得不说"还是让我向它走去吧"。如果我们不能够改变利益相关方，就需要改变自己，要主动走向他们。

第三，利益相关方认为我们的方法没有效果。利益相关方中有各种各样的人，当然也会有人怀疑我们的方案。在这种情况下应该如何使利益相关方配合我们呢？首先是要得到他们的信任。大家都是为了项目的成功走到一起的，那么谁的方案正确就应该听谁的，我们的方案可能确实不是最好的，所以要有开放的心态，任何精确的方法都不能代替利益相关方的经验和直觉。这里要特别注意的是：千万不要采用让别人做错事来证明我们的想法是正确的做法。

第四，利益相关方可能认为其他的事更重要。我们不能够指望项目利益相关方都把我们的项目当成最优先的，但是我们确实应该努力争取让他们将项目的某些关键活动放在优先位置。项目并不是一个同时进行的整体，它们可以被分解和逐步实施，而其中的关键活动并不多，也并不一定会与其他项目的关键活动发生冲突。项目之间的关联性构成了一个系统，我们可以利用系统中间的长短板，给利益相关方动态调整资源的机会，扩大他们资源的有效度。当然，同样不现实的是在多个项目中追求完美。有时需要以退为进，以局部的让步来换取利益相关方在其他方面的支持以保证整体的进步。

第五，对利益相关方来说这件事没有正面结果。从前有个人为了让他骑的驴走得快一点，手里举了一根竹竿，竹竿的头上垂着一串胡萝卜，驴为了吃胡萝卜就不停地往前走。但如果驴迟迟吃不上胡萝卜会怎么样？它可能会把主人给摔下来，因为它觉得主人在耍它。项目周期有时候会很长，项目成果起作用的时间可能会更长，利益相关方不一定有耐心等待着分享项目成果。当他们有别的利益或者长时间得不到回报的时候，自然就会对项目失去信心，就会"移情别恋"，那么不配合也就在情理之中。因此我们要采用透明的项目进展情况以及阶段性成果移交来使项目利益相关方对项目保持信心。在项目的实施过程中需要尽可能使项目利益相关方投入时间到该项目上。他在某个项目上投入的时间越多，这个项目对他的影响也就越大，他就越不希望这个项目失败。项目计划应该最大限度地向利益相关方公开。甲方或是乙方都不要将彼此的关系局限在商业关系上，要尽量建立一些个人友谊，要尽量扩大项目的激励范围，包括对业主、供应方和使用方等外部相关方的激励。

第六，对方误认为他们正在配合我们。有时候人们会误认为只要按合同办事就是配合，但这样是远远不够的，合同如果能将所有的事情都定义清楚，世界上就没有这么多麻烦事了。如果我们对利益相关方的需求理解得不明确、不正确，那么不但会耽误项目，还会引起利益相关方的反感。为了保证正确理解利益相关方的需求，要及时反馈我们对其需求的理解，这样就可以避免利益相关方错误配合。此外，反馈的时点很重要，包括项目的里程碑、生命周期转阶段的地方、存在风险的地方等，可以利用这些时机加强对利益相关方的反馈。

第七，超出他们控制范围内的障碍。"严以律己，宽以待人"是一句理想的格言，在现实生活中更常见的是"严以律人，宽以待己"，我们常常对利益相关方的要求过于苛刻。要减少这种情况的发生，需要从组织设计方面找原因。从广义上讲，任何事都是人做出来的，但是具体到个案上，人往往不是最重要的因素，组织的作用要大于个人。项目责任矩阵至少应包含两类，一类是项目内部的，一类是所有利益相关方的。如果所有利益相关方之间的责任关系定得比较清晰，利益相关方的配合程度就会大大提升。

总体来讲，世界上没有无缘无故的爱，也没有无缘无故的恨，我们只有站在利益相关方的立场上去理解他们，才能找到真正的原因，才能够保证项目的成功。利益相关方不配合我们，常常是因为我们的管理过程做得不够好。

50 提高项目团队的执行力

执行力的重要性是不言而喻的。说得再多，没有行动，也不可能变成结果，这就是我们常说的"行胜于言"。如何提高执行力、为什么提高执行力很困难，是值得管理者思考的问题。

春秋时期有一个叫吴起的大将，他一生中打大仗76次，其中胜64次，平12次，是常胜将军。《吴子兵法》中有这样一段话："其善将者，如坐漏船之中，伏烧屋之下，使智者不及谋，勇者不及怒，受敌可也。故曰：用兵之害，犹豫最大；三军之灾，生于狐疑。"意思就是说做将领的人，行动要非常迅速且果断，就像坐在漏船的中间、蹲在屋顶烧起来的房间里一样，不能犹豫不决。其行动要快到让智谋多的人来不及想出谋略、勇猛的人来不及把情绪调动起来就被消灭的程度。曹操说袁绍必将失败，因其"好谋而寡断"。

执行力并非只是要求部下有执行力，最主要的是领导自身要有执行力。很多企业领导很愿意听到"执行力""没有任何借口"这样的话。这些方面的书也很畅销，它们大多是企业领导购买分发给员工学习的。但是，领导忘记了这么一个事实：员工是很聪明的，他们不会轻信领导的话，而是更看重领导是如何做的。如果领导要求员工认真做好项目计划，而自己却办事随意；如果领导要求员工填报项目日志，而自己却行踪莫测；如果领导要求员工节省项目开支，而自己却花钱大手大脚，那么，就别指望员工能够执行有力。这种领导行为带来的结果必然是"上有政策下有对策"，必然是"人人忙着掩盖事实的真相"。我们不能否认，企业领导需要高瞻远瞩，但对企业来说，很多细致、枯燥的基础管理工作

50 提高项目团队的执行力

也需要他们以身作则。战争中胜败的原因经常并非是真正的实力上的差异和兵法上的差异，而是胜方将领主张"弟兄们跟我上"，败方将领要求"弟兄们给我上"。所以提高执行力最重要的也是最基础的就是榜样的力量。

提高榜样的力量、提升领导执行力的最简单途径是开会。会议按时开始和按时结束是领导自身具备执行力的重要标志。很多会议的日期迟迟无法确定是因为邀请上级的参与，会议的时间也不能准时开始和结束，因为需要等到某些领导的到来。领导如果没有时间观念也就别指望员工会有执行力。会议的开始和结束都不能按时，那么一个项目的开始和结束时间更难以保证。一个执行力低的"榜样"会使项目难以进行。

要提高执行力需要让大家能够各司其职。执行力不强的另一个原因是"共同负责"造成的责任不清，共同负责就等于没人负责。在企业中，我们也常常碰到这样的情况：谁提出问题，解决这些问题的责任就落在谁头上。久而久之，大家明白了一个道理，既然"首问"要负责，那么我们就尽量不要成为首问者。

首问负责制是保证不让工作掉在空里的一种办法，这种办法背后隐含着职责不清的无奈。更有甚者，谁能干就调谁去解决更棘手的问题。这是一种谁能干就增加他失败的可能性的做法。在企业中，员工听从了老板的指派，完成了任务，那老板就应当支付薪水，而不是在员工给企业赚取收益后老板才发放薪水。如果是后者，那人人都可以成为老板。老板需要先担责任，无论企业赚钱与否都要支付员工薪酬。俗话说"养兵千日用兵一时"，反过来讲"养官千日用官一时"也是成立的。所以，"一把手"的责任很大，要承担风险，只有给予别人安全感，才能令人信服、听从。

还有一点就是把握节奏。不能在会跑之前想着飞，难度太大让人无法执行。理想和现实是有差距的，要由信心到习惯，一步步提升。不要急于将提高项目执行力、引进现代项目管理方法与考核和利益分配挂钩，而应该从改革项目会议方式入手。在项目会议中，可以强化项目计划的评审、分析计划与实际结果的偏差、改进措施的制定等，这样既有利于项目绩效的改进，又避免由于与利益挂钩而引起的责任推诿，那样就很难发现问题的真相。这种做法并不是说要放弃绩效考核，事实上，如果有人经常完不成计划，他们在项目会议上的日子会很难过，以后调整他们的岗位也会有众所周知的依据。

执行力不强的最大根源在领导。历史上齐桓公见到管仲聊了三天三夜，齐桓公想让管仲做官，管仲说，你要想称霸我就帮你，你不想称霸就杀了我。齐桓公表示"寡人有三疾"，管仲则表示"人君唯优与不敏为不可，优则亡众，不敏不及事"，意思是说领导者只有两个是大问题，第一个是优柔寡断，不敢决策和担当，第二个是决策之后行动力太差。齐桓公表示这两方面自己没有问题，于是在管仲的帮助下齐桓公最终九合诸侯成为春秋霸主。当然管仲的这段话忽视了对决策者道德水准方面的考量，但是就其核心思想而言是正确的。

"知行合一"的关键在于我们的认知，执行力的关键在于领导对于自己的决策是不是真的相信。是真的相信他们所宣扬的，还是谎言说多了连自己也相信了，如果是后者的话，员工就会感知到里面的"虚"，执行力自然不能提升。

51 快速识人

项目有临时性的特点，项目在生命周期的不同阶段由不同的利益相关方配合进行，在项目实施的过程中，大部人会在一定时间进入项目然后又退出项目，只有少量的人是从头到尾都在一个项目中的。

在日常生活中，我们经常会说日久见人心，可在项目中无法深入去了解和认识项目的相关方，因此，项目管理者必须要具备一种能力，即能在短时间内识别对方的能力。识别对方不是要判断他是好人还是坏人，而是从管理者的角度判断他适合做什么样的工作，适合什么样的管理方式。

不同的民族、不同的企业、不同的地区之间固然有一些共同的基础价值观，即所谓的"普世价值"，在这样的前提条件下，"己所不欲，勿施于人"是适用的。但在更多的情况下人与人之间的需求、价值观不一样，如果人的需要都一样，就没生意可做了。《论语》中提出："夫子之道，忠恕而已矣。"孔子所说的是做人要厚道和善于原谅别人，但是在做生意和搞外交时要奉行管子所说的"非其所欲，勿施于人"。

儒家提到"修身齐家治国平天下"，认为管理好自身就能管理好周边，管理好周边天下就管理好了。但管子认为："以家为乡，乡不可为也；以乡为国，国不可为也；以国为天下，天下不可为也。"就是说用管家的方法不能管理好地方；用管理地方的方法不能管理好诸侯国；用管理诸侯国的方法不能管理好天下。所以，必须用管家的方法管家，管地方的方法管地方，管诸侯国的方法管诸侯国，管天下的方法管天下。做生意也是一样，对于不同的人，要用不同的方法去满足他们的需求，用不同的方式去跟他们打交道，就是"见人说人话，见鬼说鬼话",也是"具体问题具体分析"。

基于这种思想,人可以分为四种类型,可以用横轴和纵轴分为四个象限来表达。横轴是对人的态度,可以分为豁达和拘谨两个方向,或者说是灵活的还是刻板的;纵轴是对事的态度,可以分为直性还是柔性两个方向,或者说是风险进取的还是谨慎保守的。在现实中很少有人会完全归于某一种类型,一般都是几种类型的混合,但大体属于某一种类型。

第一象限是豁达和直性的人,也叫社会活动型的人。这类人的特点是做事放松随意,古道热肠,灵活机变,感情外露,时间观念淡薄,看重人际关系。第二象限是豁达和柔性的人,也叫合作型的人。这类人的特点是避免风险和优柔寡断,但是从谏如流,耐心,善于问和善于听。第三象限是柔性和拘谨的人,也叫理智型的人。这类人的特点是认真刻板,循规蹈矩,喜欢务实,看重工作,感情隐藏,时间观念强,喜欢周密的计划,对事不对人。第四象限是拘谨和直性的人,也叫指导型的人。这类人的特点是敢冒风险,善做决断,善于表达,正视现实,但缺乏耐心。这四种类型的人(见图43)使我们的生活丰富多彩,这仅是个大分类,如果细分,还能把人分成更多的类型。

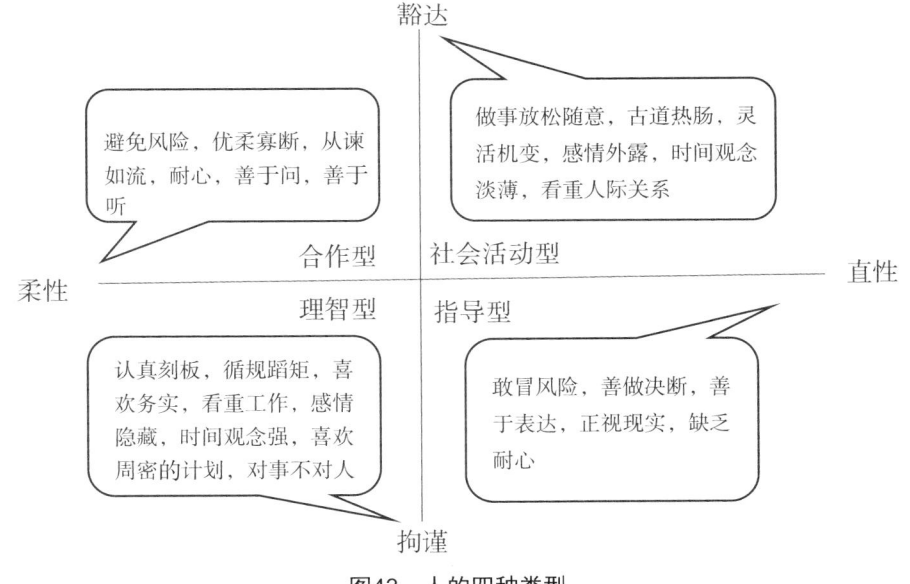

图43 人的四种类型

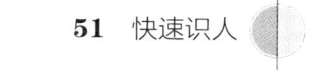

我们可以看看以下这些人是什么类型。

你给销售知识讲习班授课的时间定于上午8：30。你8：15左右到场，却发现张大伟已经到了，笔记本和几支铅笔整齐地放在他面前的桌子上。他站起身，你们两人握了一下手。他的嘴角挂着一丝几乎不易察觉的微笑。就他和他的工作情况，你简单地问了几个问题，他的回答简短而客气，你会注意到他站的地方与你有一段距离。从这个场景中可以看到，"笔记本和几支铅笔整齐地放在他面前的桌子上"表示认真刻板；"不易察觉的微笑""站的地方与你有一段距离"表示他不善于跟人打交道。因而他既是一个拘谨的人，又是一个谨小慎微、柔性的人，所以他是一个理智型的人。

8：20左右，李齐犹犹豫豫地跨进门，轻声问："对不起，这里是销售知识讲习班吗？"当被告知正是这里时，他长出了一口气。进门后，他自己倒了杯咖啡，然后谈起他一直想参加这个讲习班。他说，所学的东西无论是对工作还是对处理家庭事务都会有帮助。李齐问了你几个问题，非常认真地听你回答。然后他说他希望坐在前排的人被叫起来做示范表演的次数不要太多。在这个场景中，我们通常会误认为这个人善于交流，是社会活动型的人，但实际上，他是个犹犹豫豫的被动型的人，他比较善于跟人交流但不愿意出头，所以他是一个豁达兼柔性的合作型的人。

快要开课了，马山大步流星地走进来。"喂，这里是销售知识讲习班吗？"他笑着问。在你答话之前，他就已经自己倒了杯咖啡，边喝边承认他不喝咖啡就提不起精神。然后他一下子接过有关示范表演的话题，开始讲起上次讲习班时，他模仿某位大老板的举手投足，正好被这位老板看到，结果弄得他很尴尬。"不过说实在的，我倒是很喜欢这件事。"他说。在这个场景中，马山属于社会活动型的人。社会活动型的人灵活机变，长袖善舞，能说会道，善于调节氛围，但是话题容易发散。

最后一位与会者王丽出现了，她匆匆走进房间，找了个靠前排的位置坐下，对你说"十点半我还有另一场会议，那时候能讲完吗？如果不能，这堂课下一次能不能再讲一次？我们今天还有很多人没来。"这个场景中，王丽是指导型的人，她等于直接下指令要求"重新制订一下课程计划"，这种人不太考虑别人的感受。

一般说来，判断一个人的类型不仅看他的本我，还要看他在组织和社会中的适应性以及别人对他的认知。有些人是本色出演，不善于根据场合的变化调节自己；还有些人对自我的认知和别人对他的认知不一样。不同的人风格完全不一样，因此在做生意特别是做临时项目时，不能采用"己所不欲，勿施于人"的原则，而要遵循"非其所欲，勿施于人"的原则，并根据社会活动型、合作型、理智型和指导型这四种不同的类型，用不同的方式来对待他们。

52 与不同的人打交道

对待人的方式有两种，一种是孔子所说的"己所不欲，勿施于人"，这是一种以己度人的方式，它的局限性是以我们自己的立场和经验来看待外面的世界、看待不同的人，从宽恕别人的角度来看这种方式很有用。但是如果从做生意的角度来看，管子的"非其所欲，勿施于人"这种方式更好，也就是不同的人我们要用不同的方式对待他们。

前文已分析过指导型、社会活动型、合作型以及理智型四种类型人员的基本特征，那么，当这些人分别是上司、部下和客户的时候，我们应该怎样对待他们呢？

指导型的人直性拘谨，看重结果而不注重细节。通常指导型的上司进入会议室时员工会鸦雀无声，他会打断部下汇报工作，在会议中很少自己做记录，说的话大多是直截了当的、结论性或祈使性的。面对指导型的上司，在汇报工作时要多谈成果少谈细节；在提建议时要提供多个方案供其选择；不要与其争论；要抓大方向和主要观点。指导型的部下则容易胆大冒进，面对指导型的部下，要控制风险，强调程序。"物以类聚，人以群分"，人都喜欢和自己一样的人在一起，因此和上司相处时，我们要变成和上司相同类型的人；跟部下打交道时，要警惕他们性格的缺陷，因此要变成与部下相反类型的人。跟客户打交道时，我们可以把客户当成上司，因为我们向客户推销产品类似于向上司推销思想，所以遇到指导型的客户，要强调我们产品的价值和服务的价值，让他们充分了解。如果项目团队中指导型的人多了，团队会风风火火奔向目标，但这些人大多是甩手掌柜，这样的人多了，团队中琐碎的管理问题就会掉在空里，混乱的程度会渐渐加深，从而影响发展的速度。

社会活动型的上司通常喜欢热闹的氛围，他们愿意和大家形成兄弟的关系，喜欢听夸奖赞美。不同于指导型的上司进入会议室会鸦雀无声，当社会活动型的上司进入会议室时，气氛会更加热闹。社会活动型的上司注重人际交往。在向社会活动型的上司提供建议方案时，可以向他们寻求帮助，让他们提供自己的想法，然后可以赞美他们的建议。同时，除了报告的内容，他们也在意报告是否精美，字体是否漂亮，措辞是否精准。社会活动型的部下通常能言会道，会察言观色，但说得漂亮未必能够做得漂亮。面对这种类型的部下，首先不要伤害他们的自尊心，要经常夸赞他们。另外要强调结果和里程碑，一个时间段内最好只安排一件事给他们，并监督其完成以避免他们产生发散的想法而偏离主题。对待社会活动型的客户时，需要提前了解他们个人的生平经历。如果能以他们得意的经历作为切入点，就能迅速拉近与对方的距离，然后再谈论产品能给他们带来什么样的社会影响、品牌价值和声誉等。

社会活动型的上司碰到了指导型的部下会产生紧张关系，上司需要找到自我感觉但下属容易给上司下指令。一个指导型的上司布置完一项任务后，可能一个月都不管它但突然有一天询问任务的进展情况；社会活动型的上司布置任务一个星期后可能会产生新的想法而将原先的任务抛弃。

合作型的上司比较温和，开会前会打招呼和简单问候，与这样的人相处比较和谐。但合作型的上司不愿意冒险，他们注重的是安全、可靠和大家的认可。所以向合作型的上司提建议时可以与其他部门一同进行以得到支持。拟提的方案不要急躁冒进。面对合作型的部下，要直接明确地下达责任，同时为他们提供支持，因为他们自己一般不会主动担任负责人。对于合作型的客户，最好通过熟人引荐进行合作，这样对方就不好意思直接回绝。此外，推销的产品或方案要让对方有足够的安全感，要注意保修、维修和付款方式方面的稳妥性。

相比于指导型的人放肆的笑，社会活动型的人的笑是丰富多彩的，合作型的人经常微笑，而理智型的人是不笑，理智型的人是很严谨认真的。对于下属提交的报告，理智型上司会连标点符号的错误都逐一修改，因此面对理智型的上司要体现出专业性，在报告中用专业术语、数字来精确表达。理智型上司往往是科班出身，他们技术能力强但容易抓小放大，容易过于注重细节而忘记大的目标。理智型部下也是一样的，他们会精于钻研某一部分而忘记目标，因此对他们要着重强调目的和目标而不是让他们努力工作。由于他们专业性很强，因此需要依靠逻辑而不是靠权力来说服他们。对理智型的顾客，我们要有专业精神，注重细节，讲求证据。在沟通中至少要指派一个指导型的人和一个理智型的人，理智型的人负责谈细节，指导型的人负责提醒，提出行动。

社会活动型的上司容易开玩笑，但理智型的部下容易将上司的话当真。两者的配合也有一定的挑战性。

项目有生命周期，项目团队也有生命周期。在团队的组建阶段，大家初次见面，都会对项目充满憧憬。这时候项目经理要注重用好指导型的人，因为指导型的人很容易将注意力集中到项目目标上来。在讨论项目工作方案阶段，团队会因为成员的经验、知识技能等方面的不同而产生冲突，这时候项目经理要用好社会活动型的人帮助自己化解人际矛盾。为了在项目团队中达成共识，需要有人能够率先做出让步，合作型的人常常是最佳人选，因为他们习惯谦让并顾及人际关系。到了项目正式的实施阶段，就到了理智型的人大显身手的时候。当项目团队解散重组时，四种类型人都有很重要的价值：指导型的人保证交付，理智型的人确保质量，合作型的人在分配等方面可以适当妥协以促进各方合作，而社会活动型的人则可以让大家对参与团队工作留下美好的印象。

不同类型的人我们要用不同的方式来对待他们，"非其所欲，勿施于人"是我们对待项目利益相关方的原则，而不是"己所不欲，勿施于人"。

53 明确绩效评价的假设和目的

司马迁在《史记》中谈到"天下熙熙，皆为利来；天下攘攘，皆为利往"。同样，人们也都是奔着自己的愿望、利益和需求到项目中来的。项目是"我们来自五湖四海，为了各自的目的走在一起"的理由，是相关方满足各自需求的载体。项目相关方的每个人都怀抱自己的目的和私心，这些私心的交集就是为公，所以私是公的基础，公是私的保障。为自己的利益考虑是正常的，人们常说"你先告诉我你怎么考核我，然后我再告诉你我怎么做"，不同的考核方式会得到不同的行为结果。想让大家做什么就奖励往那个方向去做的人，不想让大家做什么就处罚做这件事的人。所以，考核像一个指挥棒，改变了考核就改变了一切，不改变考核就什么都改变不了。

但是，在考核过程中有太多的问题，我们要挖掘出每一种考核办法背后的目的和假设。大学中的考试不同于高中的考试，特别是高三的时候几乎每周都组织学生进行考试，考完后很快会发下来试卷让大家改正，而大学期间的考试则不同，考试结束后试卷并不会在改完后发给大家。因为两种考试的目的不同，高三阶段的考试是面向改进，旨在帮助学生汇总经验教训，不断发现并改进自己的弱点以应对高考，而大学的考试是为了验收某项或某阶段的学习成果，合格即可。

多年前流行的360度考核是一种考察与某一员工工作相关的人对他的评价的考核方式。项目的目的是让利益相关方满意，但是事实上很难令所有人都满意，因此，让相关方满意并不是要让他们同样满意和同时满意。这也体现了管理的一

53　明确绩效评价的假设和目的

种残缺美，即抓主要矛盾。让大家给不熟悉的人或不太熟悉的人在工作中评分，基于与人为善的原则，人们通常情况下会打70分，也就是基本合格。人只要做事就难免会得罪人。给这些人打分时，这些人很可能会被"被得罪者"给予很低的分数，这样即使其他人给了高分，平均下来的分数也可能只有50分。能让人人都满意，又能干事的"好人"只存在于理想中。360度考核背后的假设是挑选一个大家都满意的"服务员"，而不是有实干精神的人，可这真的是我们评价的目的吗？

还一种常见的考核方式是将指标和权重累加进行评价。有甲、乙、丙、丁四个绩效指标，分别占10%、20%、30%和40%的权重，把各单项指标的得分乘以权重累加得到最终考核分数。这种方式唯一的好处就是有一个明确的得分。这种方式背后的假设是，各项指标是可以按照权重相互代替的，可在现实中这些指标真的能相互替代吗？如果医生测量到一位病人血压较高，他能对病人说"你不用担心，因为你的身高很矮，一个高一个矮加起来正好"吗？这样的替代显然是不可以的。按重要性设定权重，不仅假设这些指标可以相互代替，也假设如果受到时间、资源的影响，只能选一部分"最重要的"，所以按重要性排序选择实际上是不可取的。

不同的考核办法基于不同的假设，有不同的目的。没有一个标准的绩效考核办法能同时满足所有的目的和符合所有的假设，不要为考核评价而评价，而要为使用而评价。

我们经常强调以人为本，所以很多的考核目的都集中在人身上，而其实这样做反而找不到真正的解决方案。项目的成功来自系统的和谐，来自项目、团队和流程、方法、工具等之间的匹配。系统和谐了就能产生业绩、出成果，不和谐就会出问题。因此，如果要面向取得满意的项目成果，我们考核的重点应该放在改进系统方面。人是系统的一部分，但我们绩效考核的重点不应该完全放在人身上。

绩效评价大体有这几种目的：改进业绩、发现人才，以及公正奖惩（见

图44）。目的不同，评价的对象和方式也不同。能干的人不一定有好的业绩，有好业绩的人不一定能干。所谓"冯唐易老，李广难封"，冯唐被汉武帝赏识时已经90多岁，之所以不能为官，是因为尽管他有能力但容易得罪人。李广抗击匈奴却一辈子未得封侯，是因为他大胜之后总出现小纰漏导致功过相抵。即使汉武帝想送他一件功劳，让他与霍去病一同打一场必胜的仗，他却因为迷路没找到战场。所以能力和业绩不见得有必然关系。

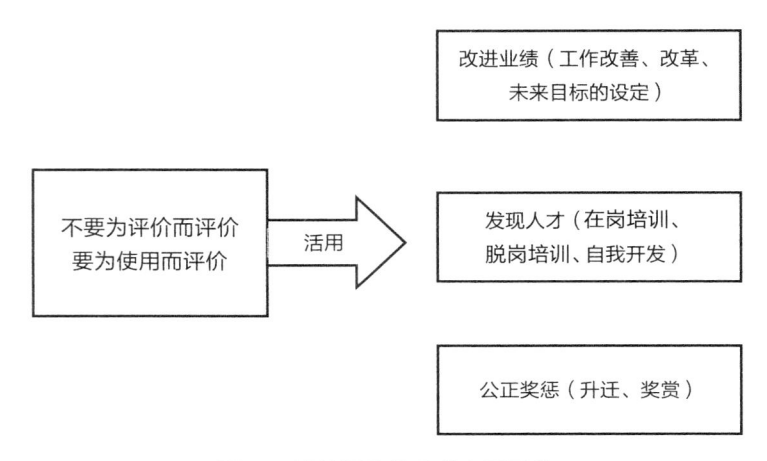

图44 绩效评价的几种主要目的

我们要把能力强的人找出来，不能够以成败论英雄。因此不同的评价目的，方法不一样；不同的方法，背后隐含的假设不同，为不同的目的服务。我们要由项目的绩效考核转向项目的绩效管理。

54 面向改进的绩效管理

项目的成功大多靠系统，好的系统是由项目、团队和方法这三者和谐构成的（见图45）。因此，我们要在过程中间不断发现这三者之间是不是存在不和谐的状况，找出失衡的地方，这是一个不断改进的过程。尽管德鲁克在几十年前提出了目标管理，但目标管理并不是针对结果奖罚的事后管理。管理不是一个追求惊喜的过程，管理是建立在过程的透明化及可控性基础上的持续改进过程。

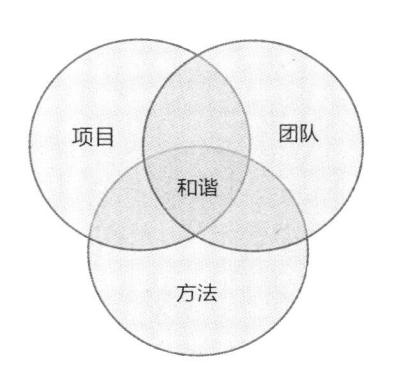

图45 团队业绩来自系统的和谐

从前我们判断一个企业是看其最终的收益，以成败论英雄。但20世纪90年代哈佛商学院的罗伯特·卡普兰与戴维·诺顿提出了名叫"平衡计分卡"的评价方法（见图46），把原来的只包含结果导向的财务指标拓展为既有结果指标又有过程指标的平衡指标，结果指标主要是从财务方面看的，过程指标则是从客户市场方面、内部运营方面、学习与成长方面评价的。这四类指标分别对应于企业典型的四类利益相关方：财务指标是让股东满意；市场指标是让客户满意；运营指标是从经理人的角度关注成本和质量方面；成长性指标则是从员工角度关注其是否提升了自身能力，提高再就业的竞争力。

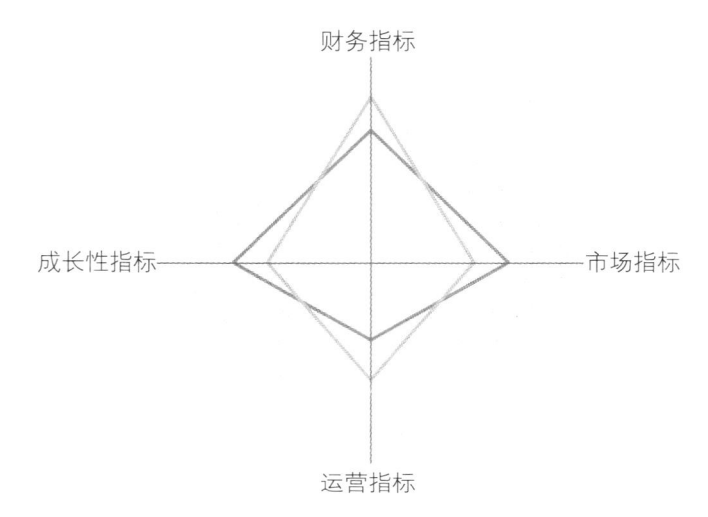

图46　平衡计分卡（用以发现改进的主要方向）

这四类指标并不是按照综合评价的方法设置百分比权重进行累加计算，而是用雷达图的方式，分别标注四项指标以评判企业未来改进的主要方向。我们同样可以用平衡计分卡评价项目的成效。

在图46中，分别有财务指标、市场指标、运营指标和成长性指标，越往外表示越好，越往里表示越差。我们用深色线代表标杆项目，浅色线代表对象项目。从图46中可以看到，在财务指标方面，我们比标杆项目要强，在运营指标方面，也就是成本和效率的管理方面也比他们强，但市场指标方面比对方弱，成长性指标也比对方弱一些。

如果按照综合计分的方法，即各项指标是权重累加分数，我们的综合得分可能比标杆项目还好，我们可能是84分，标杆项目可能是82分。但是如果分别来看，尽管我们的收益、利润率和效率控制得不错，但是无论从市场还是员工方面，成长性指标比标杆项目差，也就是说我们的项目可持续性、可拓展性较差，尽管目前看起来还不错，但这是一个萎缩性项目，需要赶紧改革。

平衡计分卡与综合计分方法的目的不同，前者是面向未来的改进，后者是面向过去的结果。就如同医生要把病人体检的各项指标列出正常的范围，然后评估病人指标落在哪个区间以及如何改进，而不能只是告诉病人有一个什么病的结论。

IBM有一个电子产品的比较模型，这个模型从八个方面看待电子消费类产品：是否容易买到想要的型号，包装运输成本如何，性能如何，是不是很容易使用，保修维修怎么样，整个生命周期内的费用如何，社会认可度如何，以及价格是否有竞争力。这八个指标用雷达图来表示，通过雷达图可以清晰地看出IBM自身产品在八个方面都不如竞争对手的产品，因此IBM决定卖掉该产品。由此可见，雷达图是看在哪一方面有弱项，哪一方面需要改进，并不是只给出一个好还是不好的结论。

项目的绩效指标从哪来？按照控制论的架构，项目管理过程包括输入、项目流程和项目产出三个基本组成部分。理想的项目绩效是投入要少、过程要稳、产出要高，还要可持续发展。因此项目绩效也可以有四类指标：效益型指标代表产出；效率型指标代表投入；风险型指标代表过程可靠；递延型指标代表可持续发展。我们同样可以将这四类指标按照里程碑的方式用雷达图进行绩效的评估，考察计划和实际的偏差以及对偏差进行分析，这样就会达到一个可持续的改进（见图47）。

项目绩效管理的方式有多种，但无论是哪一种，在整个项目中各项指标理想与现实的偏差情况都应该是透明的而不是放在黑箱里的。我们不能只期待惊喜的结果，而应该考虑从输入到结果的整个过程，这样才可以做到面向改进的绩效管理，也才可以做到全过程可控的绩效管理。

每个项目的完成都必须给企业带来三方面的成果：提升企业形象、增加企业收益、形成企业知识。

《项目经验和教训总结报告》是对项目成功或失败的总结性文件，也是企业通过项目形成企业知识的重要渠道。它可以为未来企业项目的预算、进度计划提供历史数据和参考建议。《项目经验和教训总结报告》一般包括以下内容：项目交付的成果是否达到规定的要求，并达到项目目标？顾客是否对最终成果满意？项目是否达到预算目标？项目是否达到进度计划目标？项目是否识别了风险，并针对风险采取了应对策略？项目管理方法是否起作用？改善项目管理流程还要做哪些工作？

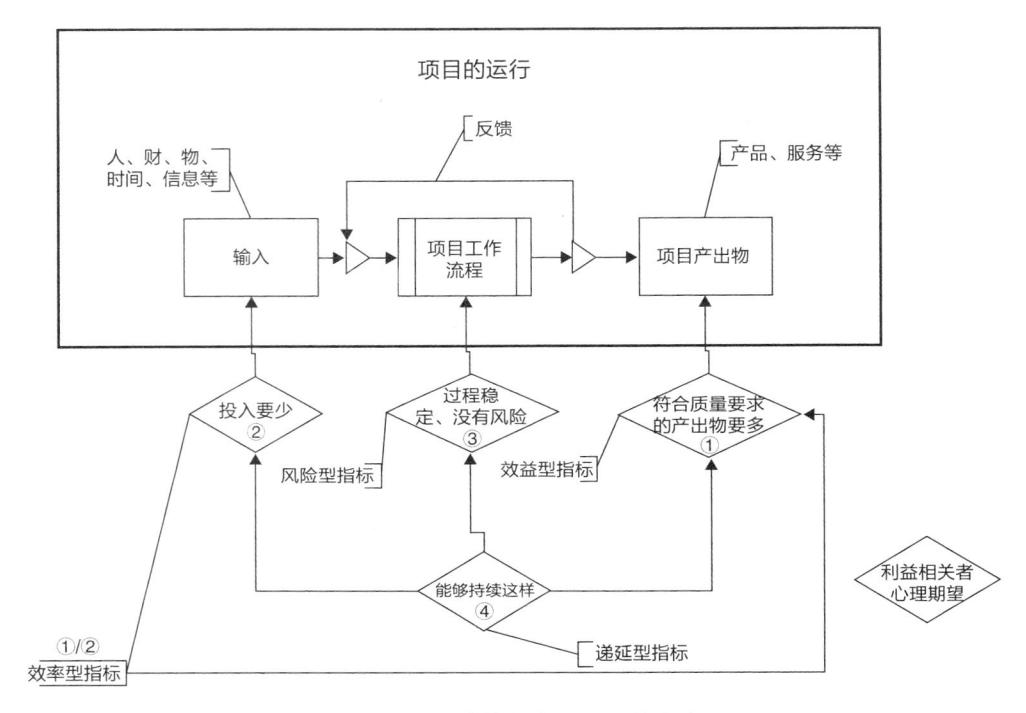

图47　项目绩效标准及其关联关系

《项目经验和教训总结报告》的目的就是将那些项目经验/教训文档化，这意味着项目组要将遇到的问题公开提出。当然，在总结经验/教训时，我们不但要关注项目组，同时也要关注企业在各职能领域所担负的责任，这样有利于为以后项目的开展提供有益的建议。对于某个具体项目生命周期过程内出现的个别问题应及时记录并归档，同时制定应对措施，而在项目收尾过程中的经验和教训总结更多的是针对企业高层管理层的审查活动。

在《项目经验和教训总结报告》中一方面要识别项目成功要素，另一方面也要识别项目生命周期各过程出现的各种问题。如果可能，应将被认可的项目成功因素转化为未来企业项目管理应遵循的程序。

一般说来，编制《项目经验和教训总结报告》是项目经理的责任。项目经理从项目组、客户以及其他主要的项目利益相关方那里获得编制报告的信息。项目中执行不同职能的人员可能对项目成功/失败的解决方案有不同看法，因此，如果无法让所有项目组成员参加，也应至少保证每一职能领域派出一位代表。顾客对项目和项目组的总体看法也是需要注意的。

除了使用书面形式进行沟通，无论项目成功与否，采用"经验/教训交流会"都是一项非常有价值的收尾活动。经验/教训交流会通常是一次大型会议，一般包括所有的项目利益相关方或其代表。召开这样的交流会表明项目的正式收尾，它同样为获得利益相关方的认可及讨论改善未来的项目管理流程和程序提供了一个机会。

项目经验/教训交流会和项目启动会议同等重要。它的召开标志着大家一起工作的日子最终结束。此时作为项目组的一分子可以表达自己的不满、困惑或者喜悦的心情。经过这个过程，项目组成员对项目做出的贡献，也应得到适当的回报。项目经理应努力使每个项目组成员都心情舒畅地离开项目，这样将来在需要他们的时候，他们才会高兴地再次为这个项目经理工作。

55 把握奖罚的辩证关系

前文曾经讨论过"改变了考核就改变了一切,而不改变考核则什么都改变不了"的问题。其实,考核的关键是考核背后的奖罚带来的利益,因为利益会使人们产生不同的行为选择。奖罚不仅是对过去的认可,更主要的是对未来的引导,是从昨天到今天和明天,而不仅仅是从昨天到今天。奖罚是为了惩前毖后,通俗地说就是杀鸡给猴看,一些企业只杀鸡而没有留意到猴在不在,被杀的鸡就死得很冤枉。

奖罚在历史上有很多例子,由于千百年来人心的本质并不会发生改变,古人的智慧对当今社会依然很有用。《史记·司马穰苴列传》中说"欲取信,罚不如赏,赏大不如赏小;欲立威,赏不如罚,罚下不如罚上",意思是要取得大家的信任,惩罚不如奖励,而且要奖励地位低的人而不是地位高的人,这样人人都会有信心;要树立威信,奖励不如处罚,而且罚普通老百姓不如罚地位高的人,这样才能够震慑大众。所以商鞅变法时"徙木立信",让普通老百姓信服,这样大家对政策的信心就会增加。当企业出现违反制度的不良风气时,需要抓住典型案例处理几个高层管理人员,这样普通员工才会意识到遵守制度的严肃性。一些企业将这种辩证关系搞反了,其结果必然是一团糟。

《管子》中谈到"令未布而民或为之,而赏从之,则是上妄予也",就是说,没有颁布法令鼓励大家做什么,老百姓偶然做了,君主不应当奖励他,如果奖励了有功劳的人就会心生怨恨,大家也容易投机取巧;"令未布而罚及之,则是上妄诛也",没有颁布法律禁止大家做什么事时,有人偶尔去做了也不要处罚他，否则会人人自危。"上妄诛，则民轻生；民轻生，则暴人兴、曹党起而乱贼作矣。"因此，要先有法令才能进行奖罚，而不能是激情式的奖罚。"令已布而赏不从，则是使民不劝勉、不行制、不死节"，颁布了法令但是没有后面的奖赏，百姓就不听从了，因为没什么好处。"宪律制度必法道，号令必著明，赏罚必信密，此正民之经也"，即制定规章制度必须要符合天理人情，符合发展愿景，号令要严明，赏罚要紧跟其后才能管理百姓。

从《管子》的思想中，我们得到如下对项目奖罚的启示：

第一，奖励激励机制要多元化。由于地位不同，需求不同，所以奖励要多元化。管子说"德不当其位，功不当其禄，能不当其官，此三本者，治乱之原也"，意思是，如果品德和社会地位不相称，能力和职务不相称，贡献和收入不相称，就会出现问题。比如教师和医生这样的职业需要品德高尚、有社会地位、受人尊重，做官的人要有办成事的能力，经商者要能创造财富。因此，不同的人的贡献和奖励是不同的，奖励要多元化而不能单一。大家都知道马斯洛的需求层次理论，人的需求从低到高分别为生理需求、安全需求、社交需求、被人尊重的需求和自我实现的需求。这些需求并非低一级的满足以后才会产生高一级的需求，而是同时交叉存在的。对于知识工作者来说，马斯洛的需求层次理论会有一些调整，最低一级的应该是物质收益和事业平台，高一级的是权力和荣誉感，最高等级的应该是使命感（见图48）。

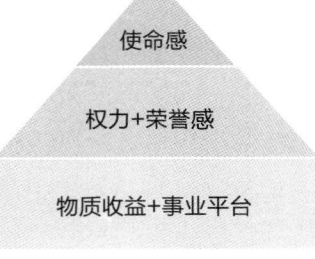

图48　激励知识工作者的层次结构

第二，恩威并施。给人希望的同时也要使人恐惧，"一阴一阳之谓道"，人性中优缺点并存，奖罚不仅要激发人性的光辉，同时也要遏制人性中的缺点。一味地赞扬和施恩会助长人的贪婪，使人变得麻木；一味地批评和处罚也会激发人的反感，使人变得叛逆。在我们鼓励别人树立远大理想、提高境界、为理想奋斗时要考虑这些鼓励是否增加了他们被打压、被羞辱、被孤立等的可能性。

第三，注重时效性。信息不畅通时人们往往会往坏处想，如果奖励不及时，可能会产生不好的后果。项目相关方是动态进入和退出团队的，尽管我们提倡人们要有远大理想，但在项目中角色的临时性决定了"一手交钱一手交货"这样的激励形态。项目里程碑是出阶段成果的节点，也是认可利益相关方贡献的节点。有一种"时间过半任务过半"的说法，但其背后的假设是任务是时间均衡的，也是难度均衡的。实际上这些均衡并不存在，因此容易出现刚开始进展顺利而给予奖励，但奖励后很快出现项目延期的情况。这样公信力就会下降，奖罚的反复也会产生不良的后遗症，应该将考核的节点和计划的节点对应起来。

第四，各项目利益相关方之间的激励驱动方向应尽可能一致。各项目利益相关方利益点不同，激励策略也会不一样。激励是驱动力，尽管各利益相关方利益立场不一样，但驱动力应该一致，这样才能促成相关方之间构成一支团队。有时候项目需要彼此之间的相互激励，即甲方要有直接激励乙方人员的策略，乙方也要有直接激励甲方人员的策略，这样的交叉激励能够促进彼此分工不分家、促进融合协同而不仅仅是基于合同的分工，项目工作实际上很难明确分工，对于创新性的工作尤其如此。

第五，奖罚要明暗交替。古人有云"当面教子，背后教妻"，也就是对不同的人要考虑其尊严和效果。前文也说过，满足需求的方式也是需求。奖罚的效果最好是"赏一以劝百，罚一以惩众"，哪些奖罚要公开，哪些奖罚要私密，可以参考这个标准。太极拳讲究虚实、阴阳结合，管理方式同样有阴阳虚实之分，之所以会产生"事与愿违""好心没好报"，大多与阴阳虚实处理不当有关。

56 体现项目文档的价值

文档是项目的历史,加强文档管理是非常必要的。项目文档的价值有以下几个方面:

第一,检索查询。项目的信息应该保存在记录保存系统中,需要时可以查询当时的约定,避免合同纠纷。从商务角度看收集所有有关的文件也是很重要的,包括原始合同、项目进度、合同变更、履约报告等。应该审慎地审查这些文件,确保没有没完成的合同问题,避免产生法律责任。项目的一切不可能都在合同里确定,项目计划也不是一成不变的,各种协商后达成的细节、各种假设、各种观点都需要记录下来,这么庞大的信息量没有人可以仅靠记忆力就把它们全部记住,因此需要有文档记载,这样才能追溯、查询,才能减少责任不清、理解有误等问题发生。

第二,建立以前的项目库,用于未来培训项目组成员。培训和教育不一样,教育是培养人如何思考,培训是训练人如何去做,是面向能力提升而不是面向素质提升,是面向技能而不是面向知识,是"急用先学、学以致用、立竿见影"。把以前的项目文档拿过来,让后人先看看"野猪跑"再吃"野猪肉",这样不断迭代才能够起到课堂中起不到的培训效果。

第三,形成企业的知识资产。项目估算的精确度是依据以前的项目演化迭代形成的,通过在文档的基础上修正、验证、复用这样的学习循环才能使估算越来越精确。项目的经验数据库是企业很重要的一个无形资产。比如检查单,积累得越多,风险就越小,也才能达到"同样的问题在企业不要再次出现"这样的效果。项目管理的两大使命是提高效率和控制风险，而提高效率和控制风险主要依靠的就是企业的文档。

第四，有利于项目舆情管理。在自媒体发达、人人都掌握麦克风的时代，项目舆情管理是十分重要的管理工作。人们看到的都是自己心目中想看到的世界，对同一个世界有不同的解释，当出现舆情问题时，真实的原始文档会成为管理者最有力的武器。在大多数场合下，依靠"谣言止于智者""清者自清浊者自浊"这样被动的舆情管理方式是不行的。及时地公开文档、以全景代替局部是舆情管理的有力武器。

在所有的文档中，最重要的就是合同。在常规的做法中，合同包括两大基本内容：甲、乙双方的权利和义务。实际上，甲方的任何权利（需求）都需要在乙方的义务（责任）中找到对应项，乙方的任何权利也需要在甲方的义务中找到对应项，否则这些权利就是一句空话。即使指定了责任承担人，他们也未必能够兑现承诺，因此要有风险分析，要制定每一项风险的防范措施和责任人。需求（Requirement）、责任（Responsibility）、风险（Risk）和措施（Regulation），这四个R是合同谈判的基本要素，在合同中至少要记载需求、责任和措施这三项内容。

从单个合同看有可能是没有问题的，但一些稍微复杂的项目会有多个合同，这些合同关联起来看就会出现问题，如资源不够、假设冲突、风险关联等。仅靠法务人员从成百上千页的合同群中去厘清各种要素之间的关联关系是非常困难的。要解决这个问题，需要依靠人工智能技术，通过文本挖掘和大数据分析才能找出合同群之间隐藏的风险。

数据的真实、及时和具有统计可能的结构一致性是项目管理的挑战。不同的项目利益相关方由于利益的不同会对数据有所隐藏。他们未必说假话，但是局部的真话、不同角度的真话会诱导人们朝着他们期望的方向去想象。这种"假话全不说，真话不全说"的方式很多时候比说假话还可恨，因为它们会造成严重的不良后果，而造成这些后果后，说话者反而能够借助道德的保护而逃避惩罚。项目是各不相同的，但是如果不能做到用统一的数据结构来表达不同的项目，项目管理的科学性就会大打折扣，这就是项目数字化的重要性。在西医眼中，人是由一系列标准的医学指标这样的数据结构构成的，当这些数据结构被赋值后就得到了病人的具体健康状态。项目也是如此，数据结构以及对结构的赋值构成了项目的状态。

项目现场工作任务繁多，工作条件也比较恶劣复杂，常见的情形是，项目组忙着完成任务，由于工期、费用的压力，他们完成任务的方式可能是内有章法的，他们只求把任务完成，至于管理是否规范、是否有"后遗症"，他们就顾不上了。这时候我们不能要求他们学习、使用正规的"武术招数"，如果我们这么做，反而会被人们嘲笑。实时数据的获取需要依靠技术手段，最好能够做到作业人员无感知的数据采集和传递，因为要求他们在工作完成后还要及时填写报告是不现实的，其结果常常是作业人员敷衍了事。而低质量的数据反而可能误导项目的管理决策。

项目的文档有很多种，如在管理报告中就有项目关键点检查报告、执行状态报告、任务完成报告、重大突发事件报告、项目变更报告、进度报告等，在这些报告中都有一个共同项或者说共同的类别，就是风险。在这些规范的文档记录里面都有风险这一栏，在管理过程中也必须讨论这一栏。当风险被讨论得多了，实际发生风险的可能性就小了。当风险在文档管理过程中被关注得少了，在实际工作中发生的可能性就大了。

57 坚持到底

懂得兵法的人知道成功的撤退比成功的进攻更加困难；爬过山的人知道"上山容易下山难"。项目也同样如此，启动容易收尾难。在竞争激烈的商业环境下，项目收尾不仅是项目管理企业利润的重要来源，更是项目利益相关方能否满意、能否给企业带来新的项目的关键。

项目收尾是一个非常正规的过程。尽管项目收尾一般被认为是在项目生命周期的最后部分发生，但并不意味着项目收尾的各项活动要拖延到最后的过程才开始。每一个生命周期的阶段，甚至每一个里程碑节点都可以看成一个收尾过程，因为有些利益相关方要离开项目了，对他们来说这就是项目的结束。

项目是临时的，承担项目的企业是长期存在的，项目成果对客户及其影响也是长期存在的，所以项目收尾不仅要做到"不留后遗症"，避免企业需要把已经解散的项目组再召集来处理那些尚未解决的活动事项；面对那些过时的信息，还需要通过项目成果积累企业的项目品牌。

项目收尾要做好以下几项工作：

第一，做好项目组成员的提前安置。随着项目收尾，项目需要的人员越来越少，但项目经理仍然需要在人数减少的同时确保高效地完成任务。项目经理必须提前考虑项目组成员的安置问题，不能等到项目组成员整天无所事事的时候才考虑这个问题，这样对项目和整个企业都是浪费。项目经理必须提前1~2周通知项目组成员在某个特定的日子结束任务离开项目组，并同时通知项目组成员所在的部门。如此,在项目解散时,部门经理就可以再为其安排其他新的工作。

第二,重新组织。随着项目组规模的减小,项目组成员的工作方式也会改变。项目组成员在这个过程中主要负责项目收尾工作,虽然可以根据项目任务的多少采用将项目组成员分成若干小组的方式来完成任务,但一般此时不再将任务分解,而是倾向于由项目组集体完成。在这个阶段,由于项目经理可能会被抽调到其他项目工作,如果要更换负责人,最好由原来熟悉项目的人,如副经理来主持收尾工作。

第三,归还设施设备。如果项目组在项目期间长期占用了企业的设施设备,那么收尾的时候要负责告诉企业管理设施设备的人员来接收已用过的设施设备。需要特别注意的是,一定要在项目结束后检查这些设施设备的使用文件,以确定是否被修改过,如设备的技术参数等方面。要使项目设施设备恢复到原来的技术参数,方便以后的项目组使用,但这也会增加本项目的费用,对人力资源也有一定要求。

在这个阶段,项目成果的移交问题是重中之重。在移交的时候,要特别注意以下几点:

第一,制订移交计划。项目经理必须制订至少得到项目发起人和客户两方面认可的项目成果移交计划。在移交计划中,必须说明在什么时间、什么地方、以何种方式来移交项目产品以及哪些人参加移交过程。因为项目是临时的,给予这些项目的临时相关方以成就感相对于稳定的部门成员来说更为重要,这些相关方可以带着荣誉回到他们原来的组织并投身到下一个项目中去。移交要有仪式感,这是塑造项目品牌进而塑造企业品牌的好机会,要尽量邀请项目的相关方到场。相关方参与移交还有一个好处,就是避免项目结束后再对项目的缺点"说三道四"。

第二,确保客户能接受产品。项目经理要尽量让客户参与到制订移交计划的过程中,这样可以提高客户对产品的接受度。在项目完成时,客户必须有机会确认项目交付物是否符合他们的要求。在严格的合同关系中,客户应该签署验收报告，以表明他们正式接收了项目成果。在项目成果移交过程中，因为客户不是项目成果方面的专家，因此要培训客户如何操作。培训要尽量提前进行，不能在收尾阶段才开始，否则收尾阶段进行大量的培训所需要的资源可能很庞大。

第三，确保交接时的责任，避免将来出现"扯皮"现象。有时客户由于自身条件等原因未必想按期接收项目成果，这些都需要在现实中考虑到。要保留项目的设计开发文档。如果客户混用了设计或者开发文档而造成事故，根据这些文档可以明确责任。项目组解散后，项目组成员要想再被召集回来是有很大难度的，一方面因为他们的时间会被别的项目占用，另一方面也因为他们的责任已经完成了，因此，要尽量将项目的遗留问题在移交前解决掉。

第四，确保对项目成果的持续服务和维护。项目方企业需要通过编制项目产品操作手册等帮助客户进行简单的维护，如果客户需要一些技术专家才能完成工作，那么企业势必要有部门在项目产品的整个生命周期内与客户保持沟通，需要在移交手续中定义这部分内容。实际上，很多企业的盈利恰恰是来自后面的服务。这方面的工作也需要通过企业内部的项目组和维护运营部门之间的移交来完成。

第五，收回项目的款项。除非有特别说明，收回项目的款项一般是项目经理的责任。在现实中总有一些数量不大、占比不多的款项难以收回，有些项目经理会因为麻烦或者其他原因放松了对这些款项的追缴，而这些款项可能恰恰是企业从项目中可以得到的利润。

58 项目中止的管理

谁都不希望项目半途而废，但在有些情况下停止一个项目比继续一个项目更合适，而有时企业又不得不停止一个项目。在科学研究过程中，人们提倡锲而不舍的精神，如爱迪生为研究电灯泡灯丝的材料，做了上万次试验进行比较。但是这种精神在管理中并不适用，因为管理牵涉到很多人以及这些人背后的家庭，经不起这样的反复试验。在管理过程中，一个方案如果不行可以再试一次，如果再不行就要赶紧更换。

佛家中有佛门三毒"贪、嗔、痴"之说，在做项目中也能体现，我们总希望得到一个完美的结局，获得利益，这是"贪"；情绪化，跟项目较劲，跟相关方较劲，这是"嗔"；太执迷，偏爱某种方案而不考虑环境的变化，这是"痴"。因此项目的中止也需要有大智慧。诸葛亮六出祁山的时候，有很多次都是在权衡利弊之后主动撤退的，一个善于撤退的将军和指挥官也是值得人敬佩的。

中止项目并非代表项目不成功，也并非代表项目经理不成功。项目中止有很多原因，这些原因大体可以分为三类：项目委托方希望中止的；项目管理方希望中止的；外在因素迫使项目不得不中止的。

项目委托方和项目管理方希望中止的情况大体相同，分为以下几种：

第一，一方发现新的商机，这种商机的利益大于该项目的利益，由于资源不足不得不中止该项目以抽出资源。对于这种情况，另一方可以要求中止方适当做出补偿，如给予赔偿金或签订其他项目协议作为弥补。

第二，一方资金预算等出了问题，不得不中止项目。在这种情况下，虽然可以根据合同要求赔偿，但对方可能实在无力赔偿，他们可以"千年不赖，万年不还"，甚至找出一些"理由"推卸责任。在此情况下，项目另一方会拖不起，导致两败俱伤。因此，在选择项目合作伙伴时，要注意"信息不对称"的问题，时刻了解合作伙伴的市场动向，关注对方的核心信息，例如，营业额和利润走向如何？财务前景如何？经营业绩的关键方面有哪些？与其他项目相比该项目的优先级排序如何？此笔预算可否花在其他项目上？等等。

第三，项目委托方由于项目拖期、质量不合格等问题迫使委托方要求中止项目。在此情况下，项目承担方将承担相应责任。

无论是针对新的商机的出现还是甲方止损或者乙方止损的情况，企业都需要持续不断地关注项目监管过程或者风险监督过程，不能确认合同之后就全权交给项目经理而不发挥企业相关平台的作用，要发挥"为项目管理"的作用。有些人搞不清"Program"和"Portfolio"的区别（分别翻译成"项目集"和"项目组合"，这样翻译不符合中文的表达习惯，不容易使人理解）。其实，Program和Portfolio都包含多个项目，但前者是这些项目达成一个最终成果的必要组成环节，少了一个环节最终成果就不能实现，因此Program中的每个项目都可以成为子项目，对它们的管理可以采用木桶原理，可以采用总体关键路线，可以安排一个Program Manager来抓这些项目的整体流程的优化和管控；Portfolio包含的项目彼此之间没有必然的联系，它们会各自为整体目标做贡献，它们不被称为Portfolio的子项目，少了其中的一个，整体上可能会有损失但不是必然有损失，对它们的管理不能采用木桶原理或总体关键路线，而应遵循二八定律，可以安排一个Portfolio Manager来抓这些项目的资源平衡和整体投入产出效益最大化。项目中止主要是Portfolio的内容，是在多个项目中、多种资源中平衡的结果。

项目是连接动态的市场需求和稳定的企业资源部门的桥梁。项目团队需要变成特战小分队，他们在前方作战但有企业这个平台作为坚强的后台支援。很多企业会设置地区公司，这些地区公司就如同企业的市场根据地。一个项目中止了，对于地区公司的市场形象会有很大影响，因此要特别注意公司品牌的维护和项目

58 项目中止的管理

舆情的管理，最好是将项目的中止变成敏捷项目的一种特例，也要注意项目文档的管理。

中止也是项目结束的一种，要有正规的中止程序。如果中止程序不规范，难免有扯皮和舆情等一系列麻烦，也会给地区公司、项目经理等带来后遗症。项目不仅包含企业内部成员，还有其他外部利益相关方，需要向他们把责任解释清楚，避免这个临时性组织解散后出现其他问题。

需要特别注意的是，项目中止时尽管不能庆贺项目成功，但仍需要鼓舞项目组成员的士气，毕竟很多事与他们无关。因为项目中止，员工会在经济收益上受到影响，可能会失去奖金，企业应该尽量在工资层面保持不变，其他地方予以认可甚至根据情况适当倾斜。

企业也要善待项目经理，项目成功的项目经理固然是人才，但项目被迫中止的项目经理更了解项目管理之间的配合，更有经验教训。大部分项目中止并不是因为项目经理的管理出现问题，而是管理和治理之间的配合出现了问题，来自治理方面即项目中止利益相关方结构方面的原因更多，而管理者由于没有意识到治理方面的变化最终造成项目中止。经历过项目中止的项目经理其实是企业宝贵的财富。康熙微服私访时听到还是布衣的周培公在谈论兵法，他的观点是：打胜仗的将军固然不容易，但是由败到胜、由弱胜强的"善败将军"更难，因为"兵法所谓善胜者不阵，善阵者不战，善战者不败，善败者终胜"。韩信、诸葛亮、孙武等军事名家无不将撤退的艺术发挥到了极致。这个观点得到康熙皇帝的注意。后来在三藩叛乱时，康熙重用周培公为将，他集结大臣家奴成军平叛，成为反败为胜、彪炳史册的将军。可见有过失败教训的将军也是宝贵的财富，企业也要善待有过项目中止经验的项目经理。

无论是项目按计划正常结束还是中止，包含严格项目账目关闭和财务审计的财务收尾都是必要的。项目账目收尾是项目结束时针对于企业员工的内部流程。如果没有设定明确的日期或提供正式的项目账目收尾流程，项目账目往往会在项目结束后仍旧存续。项目人员仍然可以借项目名义使用财务或其他资源。如果发生这种情况，项目便不再是项目，很可能变成没有结束日期的活动。既然项目都有自己的有限预算和明确的生命周期，必须在某点上结束项目账目。进行项目财务审计工作可能要花费几个小时甚至到好几个月的时间，这取决于项目的规模、提供信息的详细情况以及透明度等。尽管在项目任何时间都可以进行审计工作，但项目收尾过程的财务审计是个重点。

最好把失败和放弃区分开来，放弃是一种主动行为，失败则是一种对某个状态的感觉。幸福感和不后悔有可能是更好的参考指标。在快速变革时期，主动放弃可能是更重要的，它体现了一种经营的智慧。"不放弃"与"不断失败"是密不可分的，甚至是经过包装的"不断失败"的褒义词。项目中止不是坏事，即使是迫不得已的中止，其中也有阶段性的成果和可以提供给未来项目管理的经验及教训。企业要分析项目中止的原因，要有平台监管整个项目的过程，要善待员工和有经验教训的项目经理，也要抓好项目治理和管理的相互配合。

59 项目组的解散

任何项目都有结束的时候,项目结束就必然会带来项目组的解散。其实在项目里程碑结束的时候,项目组成员中也可能会有人离开或有人加入,所以中途也会面临项目组的解散问题,或者说项目组的重构问题。在管理过程中人们常常忽视项目组解散的问题,忽视该问题会导致项目收尾面临溃散的结局。

我们一再强调,项目是临时的,但项目组所在的企业是长期的,项目组成员的职业生涯是长期的。所以项目组解散的结果能够体现项目管理者水平的高低,要做好有效的项目组的解散,需要考虑这些问题:

第一,项目组成员的情绪和他们工作效率的问题。项目组成员在临近项目完成时,会有复杂的心情,他们的情绪可能变得不稳定,工作效率也可能会下降。如果项目组成员知道项目结束后自己马上可以转入到新的工作中,尤其是自己的职位能够得到提高的时候,就会有更大的动力去完成当前的工作。同时也要让他们清楚,只有保质保量地完成现有的工作,才能进入到后面新的工作中去。如果在项目的收尾过程中自己的工作出现了失误,不但不能"功成名就",还可能令自己"晚节不保",这样就会失去晋升的机会。职能经理和项目经理都有责任处理好他们这种情感上的反应,使这些人员保持正常的工作状态。我们之前谈过信息只要不畅通,人们就会往坏处想。所以要把这些项目组成员未来的工作机会以及获得机会的门槛先告诉他们,这样才能够稳定他们的情绪,也才能够保质保量地做好项目的收尾工作。同时,项目经理要提前与职能经理做好沟通,以使他们能够根据此项计划提前安排项目组成员未来的工作。

第二，项目组成员离开项目以后，他们在项目中的贡献应该得到认可。所以项目组要善于通过会议表彰、文章表扬、颁发纪念章或者颁发证书等方式来认可项目组成员在项目中的贡献。因为项目解散了，这个临时性的组织就不存在了，如果后续要去验证他们的工作业绩，就需要企业提供证据，需要他们所在的部门提供证据，这些证据怎么来呢？项目经理和部门经理需要提前做好准备。

第三，要将项目庆功会作为里程碑对待。前文提到要在四个地方设置里程碑：生命周期转阶段的地方、合同要求的地方、风险点的地方和激励员工的地方。激励员工很重要的一个形式就是项目收尾时候的庆功会。所以，庆功会应该是项目管理的一个重要的里程碑。前人做给后人看，要让项目组成员在项目中得到认可，让他们对项目工作产生深刻的印象，这样对后人加入本项目或类似的项目时也会起到激励作用，这些员工本人在未来项目中工作的积极性就会非常高，这是非常重要的。

第四，要做好与他们所在部门的交接。对项目组成员的认可，不仅在于项目经理对他们认可，也在于其所属部门的主管对他们认可。在项目组解散以后，这些人会离开项目组回到各自的部门中去，如何做好这种认可的交接是非常重要的。必须牢记，他们是属于企业的。在项目组工作只是暂时的，当项目完成以后，虽然项目不再需要他们，但是企业应当更加重视这些项目组成员，因为他们在项目中为企业做出了自己的贡献，同时在项目中积累了丰富的经验，可以更加出色地完成企业交给他们的其他项目。对于企业来说，成功完成企业项目的人员是企业发展不可多得的财富。要善于利用和留住这些企业的人才。项目经理要提前与职能经理做好沟通，以使他们能够根据这项遣散计划提前安排项目组成员未来的工作。在项目完成以后，项目经理应该根据制订的遣散计划及时把项目组成员送回到他们所在的职能部门中去。如果项目结束了，项目组成员却迟迟不能回到原来的职能部门中工作，这不但会严重影响企业其他项目的工作，也会造成项目成本费用的升高。若能尽早地把人员返还给原来的部门，部门经理也会感到高兴，也愿意为今后的项目提供支持。

企业的项目管理办公室（PMO）要在项目组解散的过程中发挥作用。作为

59　项目组的解散

企业项目管理的作战部，要有战后复盘和企业知识资产积累的能力。PMO是项目的枢纽，也是最全面掌握项目状况的部门，它最有资格也最应该去总结项目的成败得失，要与稳定的部门协作完成"去项目管理"的过程，即由项目转向产品运营。PMO承担了连接临时性的项目和可持续性的企业之间的责任，它们承担了归拢项目文档、召开经验教训交流会等知识管理工作，尽可能为处于前方的项目赋能和减负。PMO不仅在项目过程中与项目组成员打交道，也会持续在今后的项目中与这些人员打交道，企业的PMO是稳定的职能部门，也是项目组成员的作战支持平台，要发挥在项目组解散时对成员的鼓励作用。

团队成员对项目做出了巨大贡献，甚至有的做出了一些牺牲。如果企业没有意识到他们所做的贡献和牺牲，他们会在项目临近收尾的时候感到失落。如果我们不能及时有效地消除项目成员的失落感，使他们带着怨气进入下一个项目或者新的工作，甚至把怨气带回到原来的部门，会对企业的后续发展产生负面的影响，因此必须保证项目团队成员的付出都能得到相应的回报或者肯定。只有在妥善地处理了上述问题以后，才能宣布项目的结束。

反侵权盗版声明

电子工业出版社依法对本作品享有专有出版权。任何未经权利人书面许可，复制、销售或通过信息网络传播本作品的行为；歪曲、篡改、剽窃本作品的行为，均违反《中华人民共和国著作权法》，其行为人应承担相应的民事责任和行政责任，构成犯罪的，将被依法追究刑事责任。

为了维护市场秩序，保护权利人的合法权益，我社将依法查处和打击侵权盗版的单位和个人。欢迎社会各界人士积极举报侵权盗版行为，本社将奖励举报有功人员，并保证举报人的信息不被泄露。

举报电话：（010）88254396；（010）88258888
传　　真：（010）88254397
E-mail：　dbqq@phei.com.cn
通信地址：北京市万寿路 173 信箱
　　　　　电子工业出版社总编办公室
邮　　编：100036